História, legislação e fundamentos
do Ensino Religioso

Sérgio Junqueira

SÉRIE ENSINO RELIGIOSO

História, legislação e fundamentos do Ensino Religioso

Rua Clara Vendramin, 58 . Mossunguê
CEP 81200-170 . Curitiba . PR . Brasil
Fone: (41) 2106-4170
www.intersaberes.com
editora@intersaberes.com

Conselho editorial
Dr. Alexandre Coutinho Pagliarini
Dr.ª Elena Godoy
Dr. Neri dos Santos
M.ª Maria Lúcia Prado Sabatella

Editora-chefe
Lindsay Azambuja

Gerente editorial
Ariadne Nunes Wenger

Assistente editorial
Daniela Viroli Pereira Pinto

Análise de informação
Ísis D'Angelis

Capa
Denis Kaio Tanaami

Projeto gráfico
Bruno Palma e Silva

Diagramação
Regiane de Oliveira Rosa

Iconografia
Danielle Scholtz

Dados Internacionais de Catalogação na Publicação (CIP)
(Câmara Brasileira do Livro, SP, Brasil)

Junqueira, Sérgio Rogério Azevedo
   História, legislação e fundamentos do ensino religioso /
Sérgio Rogério Azevedo Junqueira. – Curitiba: InterSaberes, 2012.
   – (Série Ensino Religioso).

   Bibliografia.
   ISBN 978-85-8212-253-2

   1. Educação religiosa. 2. Educação religiosa – História.
3. Educação religiosa – Leis e legislação. 4. Ensino I. Título.
II. Série.

12-08629   CDD-371.07

Índices para catalogo sistemático:
1. Ensino religioso escolar: Educação 371.07

1ª edição, 2012.

Foi feito o depósito legal.

Informamos que é de inteira responsabilidade do autor a emissão de conceitos.

Nenhuma parte desta publicação poderá ser reproduzida por qualquer meio ou forma sem a prévia autorização da Editora InterSaberes.

A violação dos direitos autorais é crime estabelecido na Lei n. 9.610/1998 e punido pelo art. 184 do Código Penal.

Sumário

Introdução, xi

1. Da aula de religião ao ensino religioso, 13
   1.1 Brasil Colônia, 16 | 1.2 Brasil Império, 19 | 1.3 República, 22

2. O ensino religioso nas legislações brasileiras do período republicano, 49
   2.1 O ensino religioso nas leis de educação básica, 59

3. Os modelos do ensino religioso no cenário brasileiro, 81
   3.1 Modelo confessional, 84 | 3.2 Modelo interconfessional, 86 | 3.3 Modelo fenomenológico, 96

4. Uma nova leitura do ensino religioso, 107
   4.1 Identidade e diversidade, 109 | 4.2 Identidade pedagógica para o ensino religioso, 117

5. A identidade pedagógica do ensino religioso, 127
   5.1 Ensino religioso no projeto pedagógico, 133 | 5.2 A construção do perfil pedagógico para o ensino religioso, 138

6. O ensino religioso em contexto internacional, 145
   6.1 Origens do ensino religioso no Ocidente, 147 | 6.2 Contexto do ensino religioso europeu nos séculos XIX e XX, 154 | 6.3 Ensino religioso no contexto da comunidade europeia, 159 | 6.4 Ensino religioso no cenário da América Latina espanhola, 166 | 6.5 Ensino religioso no cenário canadense, 168

Considerações finais, CLXXIX

Referências, CLXXXI

Bibliografia comentada, CLXXXV

Respostas das atividades, CLXXXVII

Sobre o autor, V

Ao sacerdote salesiano Wolfgang Gruen,
o protagonista desta história.

APRESENTAÇÃO

ESTE LIVRO É O RESULTADO de mais de dez anos de pesquisa e visa à formação de professores de Ensino Religioso no Brasil. A organização deste texto é fruto da experiência, construída mediante trabalhos realizados em instituições públicas e particulares*.

Após contato com professores em mais de dezenove estados da federação, reuniões com membros de conselhos de educação, técnicos de secretarias municipais e estaduais de educação, políticos, lideranças religiosas e assessores do MEC, levantamos algumas questões que frequentemente se colocam quando tratamos desse tema: "Por que inserir o Ensino Religioso na escola?", "Por que essa disciplina ainda persiste no currículo?", "Se a escola é pública, por que não posso ensinar a minha religião aos alunos?", "O líder de minha igreja disse que é lícito falar de nosso deus para as crianças".

Nas secretarias, discutem-se estratégias para não inserir o Ensino Religioso como disciplina na estrutura escolar ou para negar a presença desse componente curricular, especialmente no que diz respeito à política de complementação de horário, de modo que jamais tem havido um quadro docente para o Ensino Religioso. A estratégia mais significativa é a negação contínua do direito a um curso de licenciatura do Ensino Religioso. Devemos, pois, ressaltar que apenas alguns estados alcançaram essa possibilidade, com a organização de professores e pesquisadores na área.

---

* Destaca-se o trabalho desenvolvido no Grupo de Pesquisa Educação e Religião, que é um espaço de discussão sobre a concepção do Ensino Religioso e também sobre a formação de professores dessa área. Para saber mais sobre esse grupo de pesquisa, acesse: <http://www.gper.com.br>.

Mas todas essas questões mencionadas não refletem uma história de fracassos, e sim a constatação de um percurso histórico. Há, também, o registro de conquistas das secretarias municipas e estaduais de educação e de diversos professores que, de forma criativa e competente, aplicam o art. 33 da atual Lei de Diretrizes e Bases da Educação Nacional (LDBEN). Foi a partir desses encontros e desencontros que este livro foi organizado, com o objetivo de colaborar para que você, leitor, favorável ou não a esse componente que está no currículo desde o século XVIII, possa compreender sua origem e desenvolvimento.

O caminho que lhe propomos é o seguinte: iniciaremos, no Capítulo 1, narrando a origem da aula de religião, dado o surgimento do Ensino Religioso, na perspectiva do contexto escolar, no cenário político-educacional brasileiro. Construído esse quadro, identificaremos, no Capítulo 2, a consolidação da disciplina pela força das articulações políticas entre Igreja e Estado, cuja troca de favores repercute na escola. Diante dessas informações, propomos refletir sobre os três grandes modelos que são desenvolvidos na sala de aula: ensino religioso confessional, ensino religioso interconfessional e ensino religioso fenomenológico, que serão vistos no Capítulo 3. Então, poderemos compreender a proposição de uma nova leitura para o Ensino Religioso, configurado como uma disciplina que deixa de ser orientada pela doutrina das igrejas e passa a ser articulada com os contextos da escola, enquanto área do conhecimento, aspectos sobre os quais refletiremos no Capítulo 4. Esse caminho histórico nos permitirá consolidar a identidade pedagógica do Ensino Religioso, contemplada no Capítulo 5, para que, finalmente, possamos propor, no último capítulo, uma visão do Ensino Religioso no contexto internacional, especialmente no continente europeu, que fortemente influenciou a realidade brasileira.

INTRODUÇÃO

O ENSINO DA RELIGIÃO CONFUNDE-SE com a história da educação no Brasil, a qual, em um primeiro momento, negou a leitura religiosa das comunidades que habitavam este território, impondo uma única possibilidade de crer. Essa determinação estava apoiada em um projeto econômico-político, já expresso por Pero Vaz de Caminha em sua carta ao rei de Portugal. Posteriormente, com a chegada de outros europeus e com o avassalador transporte de homens, mulheres e crianças de várias tribos africanas, este país foi sendo formado por culturas e religiões diferenciadas.

Depois de mais de quinhentos anos da tomada de posse europeia das terras brasileiras, podemos encontrar descendentes das pessoas que formaram seus lares neste país. Com elas aprendemos seus costumes, suas receitas culinárias e outras contribuições. Além disso, passamos a conhecer suas diferentes formas de reverenciar suas expressões mais íntimas, seus líderes e suas tradições nacionais.

Desde o período da República, o Brasil assumiu a postura de um país laico, ou seja, aquela em que o Estado não possui nenhuma forma de crença religiosa, mas seus habitantes têm o direito de assumir com liberdade sua leitura religiosa do mundo. A atual Constituição Brasileira[*], em seu art. 5º, incisos VI a VIII afirma que:

VI – é inviolável a liberdade de consciência e de crença, sendo assegurado o livre exercício dos cultos religiosos e garantida, na forma da lei, a proteção aos locais de culto e a suas liturgias;

---

[*] Para ver na íntegra a Constituição Brasileira de 1988, acesse: <http://www.planalto. gov.br/ccivil_03/Constituicao/Constitui%C3%A7ao.htm>.

VII – é assegurada, nos termos da lei, a prestação de assistência religiosa nas entidades civis e militares de internação coletiva;

VIII – ninguém será privado de direitos por motivo de crença religiosa ou de convicção filosófica ou política, salvo se as invocar para eximir-se de obrigação legal a todos imposta e recusar-se a cumprir prestação alternativa, fixada em lei.

Esse pressuposto da liberdade religiosa, que faz parte da cultura brasileira, torna-se importante para considerarmos a identidade e a importância do Ensino Religioso como disciplina no currículo da educação básica, a qual, pela legislação, é obrigatória para a escola e de matrícula facultativa para os estudantes. Essa disciplina somente será compreendida se for pensada dentro do contexto da educação, especialmente no espaço escolar.

UM

DA AULA DE RELIGIÃO AO ENSINO RELIGIOSO

NESTE PRIMEIRO CAPÍTULO, RESGATAMOS A chegada dos portugueses e o ensino da religião como parte do projeto de dominação e formação do quadro cultural. Essa leitura de mundo perpassa o período colonial, o império, os duelos da república e se estende até a publicação da LDBEN, na segunda metade do século XX.

Notamos, então, que o Ensino Religioso como parte do currículo das escolas brasileiras é um tema polêmico, em que se constatam três grandes correntes. Na primeira delas, é defendida a perspectiva do ensino da doutrina religiosa; a segunda dita o ensino de valores cristãos e a terceira, defendida pelo Fórum Nacional Permanente do Ensino Religioso (Fonaper) e por todos os envolvidos com a escola, apregoa que o Ensino Religioso é uma área do conhecimento e, por esse motivo, é assumido como um marco estruturado de leitura e da interpretação da realidade, essenciais para garantir a possibilidade de participação do cidadão na sociedade de forma autônoma.

Ainda uma outra proposição é a de que o Ensino Religioso não deve fazer parte do currículo escolar, pois, sendo a religião um direito individual, foge às atribuições do Estado efetuar qualquer atividade educativa nesse campo, de maneira que somente as igrejas ou as comunidades de fé devem fazê-lo. Finalmente, há a corrente dos que exigem a presença do Ensino Religioso na escola, mas consideram que os pais têm o direito de escolher qual religião será adotada pela instituição em que seus filhos estudam.

Essas proposições não surgem de meras opiniões, mas da história dessa disciplina na educação brasileira.

1.1
BRASIL COLÔNIA

A CHEGADA DA FROTA COMANDADA por Pedro Álvares Cabral ao Brasil está relacionada a um projeto político-religioso que patrocinou a expansão colonial portuguesa, fato que marcou profundamente a cultura brasileira. Um dos exemplos ainda presentes em nossa sociedade é a insistência em tornar a escola pública um espaço de missão religiosa, a qual, por sua vez, está ainda atrelada àquela proposta do século XVI, mesmo já passados mais de quinhentos anos de história[25].

Em todo o período colonial, assistimos à fase da "catequese de conversão e de instrução" dos nativos, processo que objetivou a adesão dos indígenas à doutrina cristã e também a confirmação das primeiras famílias chegadas ao Brasil, por ser essa terra uma área significativa para a Igreja Católica. Assim, a instrução religiosa foi uma das ferramentas para a promoção da ocidentalização e cristianização da população local, dos que foram levados livremente e dos que para essa "nova" terra foram obrigados a imigrar.

Diversas fases podem ser identificadas nesse percurso, mas a formação sistematizada ficou a cargo da Igreja Católica, especialmente dos jesuítas, que, desde o início da presença e ação portuguesas (1549), foram responsáveis por "dilatar a fé e o império", fato que ocorreu até a expulsão da Ordem pelo Marquês de Pombal (1759), quando o ensino estava praticamente restrito aos seminários e colégios católicos[26].

Naquele período da história, ser católico não era uma opção pessoal, mas uma precondição para a cidadania brasileira. Assim, formas discordantes de crenças e práticas religiosas eram tratadas como um perigo, não só para a religião dominante, como para a ordem social, sendo, por isso, proscritas e seus praticantes perseguidos[1].

A história desse período mostra que, a partir de 1500, os colonizadores se apossaram do território brasileiro e utilizaram-se da força da espada para obrigar os habitantes locais a ingressar na vida "civilizada" e da persuasão da pregação para justificar a adesão a um novo modo de vida. Integrar-se na civilização ocidental-cristã seria, na visão dos colonizadores, o caminho para a felicidade e para a salvação de todos os povos.

Durante séculos, o pensamento cristão da conversão influenciou toda a prática pedagógica colonial, tanto para os que podiam estudar de fato, como para aqueles que apenas recebiam informações elementares. O sacerdote era, para eles, a imagem sagrada daquele que detinha o saber[41].

Nesse contexto, a Igreja e o Estado estabeleciam uma relação garantida pelo estatuto político do padroado, o qual orientou a atuação dessas instituições desde a reconquista de Portugal até a Proclamação da República do Brasil, em 1889, em todo o período colonial e imperial. Em contrapartida, a Igreja Católica, oficialmente reconhecida como única instituição religiosa legítima, assegurava a manutenção econômica de seus clérigos.

Uma das consequências do padroado para a Igreja Católica foi a de que até mesmo a nomeação dos bispos dependia da autoridade real ou imperial, e os clérigos seculares eram, de fato, funcionários públicos. O rei ou imperador provia os cargos eclesiásticos usando os recursos dos dízimos recolhidos ao Tesouro; e uma série de cargos públicos, que cabiam à instituição política, requeriam como precondição de investidura o juramento de fé. Entre esses cargos estavam os de professores, especialmente aqueles que assumiam o ensino em estabelecimentos oficiais, de maneira que também eles deviam fazer o juramento à fé católica. Então, o regime do padroado e a teoria do regalismo (sistema político que permitia aos reis interferir na organização da Igreja) deram à religião católica muitos privilégios vinculados à Coroa, como o monopólio das instituições de ensino. É, pois, nesse contexto que estão as raízes do pensamento que vê o ensino da religião como exigência de evangelização para o bem da cristandade.

Já no século XVIII, no Brasil, o Marquês de Pombal pretendia realizar uma reforma com o objetivo de tornar a escola útil aos fins do Estado e, nesse sentido, em vez de ela preconizar uma política de difusão interna e externa do trabalho escolar, serviria aos imperativos da Coroa. Então, as reformas no Brasil foram administradas por D. Tomás de Almeida (1759), com a realização do primeiro concurso público para escolha de professores régios, no qual foram aprovados 19 mestres.

Com a perspectiva de dar continuidade à restauração dos estudos, tanto no reino como em suas colônias, foi proclamado um novo alvará, em 4 junho de 1771, que incluía a transferência da "Administração e Direção dos Estudos Menores" para a "Real Mesa Censória" e a criação de 17 aulas de leitura e escrita. Para pagar os professores leigos, foi criado um novo imposto: o subsídio literário.

A reforma foi acompanhada pela mudança na própria filosofia da educação e essa nova concepção afirmava ter um cunho nacionalista, reformista e modernizante, sem, contudo repudiar o catolicismo. Propunha, na realidade, reimplantar a tradição humanista na educação, com a valorização dos professores leigos, que passaram a ser considerados exemplo para toda a sociedade.

É importante recordarmos que a educação pública do país era deplorável, mesmo porque a política da metrópole não tolerava a existência de tipografias na colônia. Em consequência disso, eram raros os livros que circulavam, não havia o menor gosto pela leitura e raramente as mulheres aprendiam a ler[41]. As poucas escolas, além de mal dirigidas, contavam com uma diminuta frequência de alunos.

Em 1808, com a chegada da família real portuguesa, que veio foragida da Europa, em virtude da conquista napoleônica de Portugal, foi estimulada a organização de uma estrutura para a educação, em vista da formação da elite para assumir as terras brasílicas. Entretanto, não era de interesse governamental estabelecer um sistema nacional de ensino que integrasse os graus e as modalidades. Algumas escolas superiores foram criadas, com vistas a serem regulamentadas as vias de acesso a esses cursos, especialmente por meio do secundário e dos exames de ingresso aos estudos de nível superior. Vale ressaltarmos, também, o papel das lojas maçônicas, que assumiram uma importante função educativa por reforçarem o espírito liberal no país, que lentamente se constituía como nação[34].

1.2
BRASIL IMPÉRIO

MESMO COM A PROCLAMAÇÃO DA independência do Brasil de Portugal, em 1822, pelo primeiro imperador D. Pedro, o sistema do padroado permaneceu. O art. 5° da primeira Constituição do país* ratificava a religião cristã católica como a oficial. Quanto à educação, o empenho foi muito menor do que seria de se esperar, pois o ensino da religião

---

* Para ver na íntegra a Constituição Política do Império do Brasil, de 25 de março de 1824, acesse: <http://www.planalto.gov.br/Ccivil_03/Constituicao/ Constitui%C3%A7ao24.htm>.

oficial era obrigatório, como previa a legislação de 1827, no art. 6º, o qual descrevia que as tarefas dos professores no Império* eram ensinar a ler, a escrever, a realizar as quatro operações de aritmética, a prática de quebrados, decimais, proporções, as noções de geometria, a gramática da língua portuguesa, os princípios da moral cristã e da doutrina católica. Indicava também, para os meninos, a leitura da Constituição do Império e da história do Brasil.

Na realidade, no cenário da educação nacional da época, o chamado *ensino primário* ficou a cargo das províncias, cujos orçamentos eram escassos, o que prejudicou muito sua operacionalização. Mas, em 1834, foi proclamado o Ato Adicional, que modificou a Constituição de 1824 e contemplou a educação, o que quase não constava na primeira Carta Magna. A partir dessa alteração, as províncias deveriam assumir o ensino primário e o secundário, enquanto que o poder central encarregava-se do ensino superior ou acadêmico, cristalizado nas faculdades médicas e jurídicas. O ensino primário não era pré-requisito na sequência da escolarização e os cursos secundários eram predominantemente avulsos, de frequência livre, sem uma uma organização hierárquica das matérias e das séries e ainda a ênfase recaía sobre as matérias de humanidades[41].

O contexto brasileiro estava, então, marcado por uma mentalidade dominada pela classe senhorial, a qual, por sua vez, estava sustentada na economia rural e escravista, com uma forte influência da hierarquia eclesiástica nos diversos aspectos da vida pública do país. A imagem do primeiro imperador, por diversas variáveis, tornou-o impopular, e por

---

* Para ver na íntegra a Lei Imperial de 15 de outubro de 1827, promulgada por D. Pedro I, acesse: <http://www.direitoshumanos.usp.br/counter/Doc_Histo/Edu_Imp/Lei_15_10_1827.html>.

urgência, em Portugal, fizeram-no retornar a sua pátria, de modo que, no Brasil, ficou seu filho, ainda menor, para sucedê-lo no trono.

O segundo império iniciou-se com uma fase intermediária de regência (1831-1840), pois o imperador estava com apenas cinco anos quando os pais o deixaram no Brasil. Essa foi uma fase de grandes conflitos políticos, forte influência da maçonaria e das ideias libertárias. O cenário da educação, com a falta de professores e de colégios, não alterava a situação do país, sendo que as elites buscavam nos colégios católicos espaços para educar seus filhos, quando não os mandavam à Europa. Em 1840, D. Pedro II foi declarado maior e nomeado imperador constitucional e perpétuo defensor do Brasil. No ano seguinte, os jesuítas foram autorizados a retornar ao Brasil e aos seus colégios[34].

Durante o governo do segundo imperador brasileiro, cresceram as ideias abolicionistas, burguesas, liberais e republicanas, especialmente com a guerra contra o Paraguai (1865-1870). Os bispos brasileiros, nesse período, assumiram o posicionamento do Papa Pio IX de combater a maçonaria, assim como o espírito científico e a própria modernidade. Como consequência, ocorreu um conflito político-religioso de grandes proporções, que teve como resultado a condenação de bispos à prisão e o abalo do regime imperial. Outro aspecto ideológico foi a instalação e o crescimento de adesões ao positivismo, razão pela qual o episcopado viu seus poderes temporais enfraquecerem, assim como, simultaneamente, cresceu a ideia de uma Igreja independente do Estado, sobretudo em razão das reformas do Concílio Vaticano I (1869-1870)*, com a romanização do clero brasileiro.

---

* Para conhecer o texto do Concílio Vaticano I, acesse: <http://www.universocatolico.com.br/content/view/905/3/>.

A partir disso, o Brasil buscou modernizar-se, procurando marcar presença no cenário internacional. Surgiram, então, novas realidades econômicas e políticas, liberadas do controle religioso, que estabeleceram outras relações de poder[41].

1.3
REPÚBLICA

DIANTE DESSE CONTEXTO, NA CIDADE do Rio de Janeiro, então capital do império, em 15 novembro de 1889 foi proclamado um novo regime: a república. A Igreja estava enfraquecida e incapaz de negociar um novo pacto que viesse a substituir o regime do padroado e sua situação de religião oficial do país. Assim, o Brasil assumiu sua concepção de **estado laico**, ou seja, a religião passou a não mais interferir na política nacional. O estado laico brasileiro foi oficializado pelo Decreto nº 119-A, de 7 janeiro de 1890*. Desse modo, os bispos brasileiros reagiram à opção republicana de não mais subsidiar economicamente as autoridades religiosas. Tal posicionamento do Estado foi confirmado pela Constituição Republicana (1891)[†], a qual incluiu dispositivos que explicitaram tal separação. Uma das consequências da nova postura foi a introdução do ensino leigo nas escolas públicas, de maneira que a aula de religião foi eliminada.

* Para ver na íntegra o Decreto nº 119-A, de 7 de janeiro de 1890, acesse: <http://www.planalto.gov.br/ccivil_03/decreto/1851-1899/D119-A.htm>.
† Para ver a Constituição da República dos Estados Unidos do Brasil, de 24 de fevereiro de 1891, acesse: <http://www.planalto.gov.br/ccivil_03/Constituicao/Constitui%C3%A7ao91.htm>.

O Brasil prosseguiu com suas mudanças e, no final do século XIX e início do século XX, novas variáveis interferiram na organização do país, tais como o expressivo crescimento demográfico, as intensas migrações externas (italianos e espanhóis que vieram a formar o proletariado urbano brasileiro, com tendências anarquistas e anticlericais; colonos alemães de confissão luterana; empresários e comerciantes ingleses e americanos protestantes) e as migrações internas, como a do Nordeste para a Amazônia e da zona rural para as cidades, que marcaram a nova face urbana brasileira.

O fim da escravatura também trouxe consequências econômicas e sociais, como a formação de uma ampla camada marginalizada de negros libertos nas vilas e cidades, e uma nova elite agrária, oriunda da economia cafeeira, do comércio e do início da industrialização. Ocorreu, então, o crescimento econômico e demográfico e a diversificação das classes sociais.

Em 1889, foi criado o Ministério de Instrução, Correios e Telégrafos com uma nova concepção de educação, consequência dos princípios estabelecidos pelos republicanos, explicitados desde o início do regime implantado. Benjamim Constant, um dos idealizadores do positivismo no Brasil, foi empossado como primeiro ministro dessa área. Ele foi responsável por uma profunda reforma no ensino, visto que implementou medidas como alterações no currículo, reestruturação dos conteúdos e organização das ciências segundo os critérios de Auguste Comte[38].

A partir disso, os presidentes da República deram maior atenção à educação, sobretudo porque a colocaram a serviço dos novos interesses econômicos da nação que dirigiam. Entretanto, não demonstraram preocupação com o pluralismo nem com a diversificada experiência cultural do povo brasileiro. Os bispos católicos, em oposição à tendência positivista do governo, ironizavam esse posicionamento, alegando que o ensino leigo era o mesmo que ateu e irreligioso, pois, para os crentes (de qualquer confissão), a indiferença religiosa é muito negativa, e essa configuração educacional traria profundos males ao país.

Toda essa discussão foi decorrente, na época, da interpretação francesa que tomou como princípio de liberdade religiosa a "neutralidade escolar", que compreendia a ausência de qualquer tipo de informação religiosa. Portanto, o "ensino leigo", que estaria presente na Constituição, foi assumido por muitos legisladores do regime republicano no Brasil como irreligioso, ateu, laicista, sem a presença de elementos oriundos das crenças dos cidadãos que frequentassem as escolas mantidas pelo sistema estatal. Mas é importante fazer notar que, apesar do clamor do episcopado contra o governo republicano, este dava plena liberdade para que as instituições eclesiásticas se expandissem e se fortalecessem naquele período, o que não ocorreu no período imperial. Não é por acaso que, nesse tempo, foram criados importantes colégios católicos e protestantes[45].

Apesar disso, o relacionamento com o regime republicano foi marcado pelo liberalismo maçônico e pelo positivismo. Em contraposição, a hierarquia eclesiástica procurou apelar para o fato de que a população brasileira era esmagadoramente católica e, portanto, invocava ainda uma influência nas orientações políticas do país. É interessante recordar que o episcopado encontrava-se geograficamente disperso e carente de articulação em âmbito nacional. Ainda assim, esse discurso persiste em pleno século XXI. A partir dos dados dos censos demográficos, a Igreja Católica realiza exigências em diversos campos, inclusive a educação, com os mesmos argumentos do início da República brasileira de que a moral católica deverá conduzir o comportamento do cidadão brasileiro. Essa discussão foi percebida recentemente no âmbito da pesquisa com células-tronco, quando uma postura doutrinal religiosa tenta ser imposta na condução de um Estado laico.

Com a instituição da República, a escola pública, desprovida de caráter religioso, foi condenada explicitamente pelos membros da hierarquia eclesiástica, os quais afirmavam que a Igreja Católica não aprovava as escolas neutras, mistas e leigas, nas quais se suprimia todo o ensino da doutrina cristã.

Quando Rui Barbosa elaborou o texto da Constituição Brasileira de 1890, partiu da proposta americana, pois desejava "uma Igreja livre, em um Estado livre". O jurista era favorável à proposta do princípio americano, mas a compreensão que o Estado brasileiro assumiu foi a de negar a presença religiosa oriunda da interpretação francesa. Isso porque existe uma diferença entre estado laicista e estado laico: a primeira expressão assume a perspectiva do ateísmo e nega realmente a presença do elemento transcendente, enquanto a segunda expressão simplesmente afirma que o Estado não assume uma confissão religiosa, mas permite a liberdade de seus cidadãos professarem suas crenças. Portanto, ao Estado compete garantir a liberdade religiosa da população, reflexão esta que está presente nos discursos de Rui Barbosa e também de Mário de Lima[38].

1.3.1
Introdução do Ensino Religioso na República brasileira nos anos de 1950

A PRESENÇA RELIGIOSA NA EDUCAÇÃO nacional destaca uma nova situação curricular. Isso ocorre em 1930, quando Getúlio Vargas assume o governo brasileiro. O presidente simpatizava com o modelo fascista europeu e queria evitar disputas com a Igreja Católica. Para tanto, Vargas autorizou a instituição do Ensino Religioso na escola pública, baseando-se no modelo do Pacto Lateranense (1929), assinado por Mussolini e pelo Papa Pio XI, no qual a Igreja reconheceu o Estado Italiano Fascista e, por sua vez, o território do Vaticano foi igualmente reconhecido como um Estado internacional independente. Assim, foi criada uma relação de apoio mútuo entre as duas forças de poder: o governo fascista de Mussolini e a Igreja Católica Roma.

Esse movimento inspirou Getúlio Vargas a buscar o apoio dos bispos brasileiros para o seu governo, sendo que um dos instrumentos de permuta foi o Ensino Religioso. A posição da Igreja nos anos de 1930 foi defendida principalmente por Augusto de Lima e, posteriormente, pelo Pe. Leonel Franca, no sentido de aplicar, na Constituição de 1934, que o Ensino Religioso seria disciplina facultativa para o aluno e obrigatória para a escola.

Entretanto, com o Estado Novo, iniciou-se outra fase no regime político brasileiro. Com o golpe de estado de 10 de novembro de 1937, Getúlio Vargas assumiu um governo ditatorial e impôs uma nova Constituição*, redigida por Francisco Campos, inspirada na Constituição da Polônia, e retirava da Constituição de 1934 dispositivos referentes à Igreja. Assim, a Constituição de 1937 voltou à posição daquela de 1891, restabelecendo o Ensino Religioso facultativo para a escola.

Com o fim do Estado Novo, em 1945, e a Constituição de 1946, a discussão voltou a se acirrar. Nesse quadro de debates, Gustavo Capanema, ex-ministro da Educação do governo Vargas, propôs uma alteração na redação da legislação de 1934. Ele foi, praticamente, o responsável pela elaboração do capítulo sobre educação da Constituição de 1946†, o qual determinava que a frequência e a matrícula fossem facultativas aos alunos. Portanto, a família ou o estudante teria o direito, desde a inscrição na escola, de indicar sua participação nessa disciplina.

De fato, na Constituinte de 1946, foi percebida, mais uma vez, a polêmica sobre a presença ou não do Ensino Religioso na escola pública, tanto que membros da Comissão de Educação na Constituinte, que antecedeu a promulgação da lei, afirmaram que essa disciplina era um constrangimento no cotidiano escolar.

Detectada a pressão mantida pelos partidários da Liga Eleitoral Católica (LEC), foi proposto que a disciplina fosse ministrada fora dos horários normais de aula, sem ônus para os cofres públicos. Essa

* Para ver na íntegra a Constituição dos Estados Unidos do Brasil, de 10 de novembro de 1937, acesse: <http://www.planalto.gov.br/CCIVIL/Constituicao/Constitui%C3%A7ao37.htm>.

† Para ver na íntegra a Constituição dos Estados Unidos do Brasil, de 18 de setembro de 1946, acesse: <http://www.planalto.gov.br/Ccivil_03/Constituicao/Constitui%C3%A7ao46.htm>.

solução surgiu para amenizar as consequências sobre o sistema educacional – os defensores da manutenção do Ensino Religioso não contestaram o conteúdo dos opositores, apenas afirmaram que essa disciplina sempre foi ministrada gratuitamente e seria interessante que assim permanecesse[39].

No decorrer dos anos de 1950, aconteceu uma intensa campanha para reduzir os efeitos práticos desse dispositivo constitucional, e o ensino religioso e a escola confessional tornaram-se questão central para a Igreja da época[45].

1.3.2

ENSINO RELIGIOSO NOS ANOS DE 1960 E 1970

O PERÍODO QUE ANTECEDEU O Golpe Militar de 1964 foi marcado por manifestos que pleiteavam o exercício do direito à liberdade, tanto no campo individual quanto nacional, mesmo que existisse um certo esforço para manter a homogeneidade social. O grupo militar, que nunca permaneceu ausente na história republicana, mobilizou-se de forma a aumentar sua influência e sua participação em poderes civis, inclusive tomando o governo por meio de um golpe que se completou com o Ato Institucional nº 5*, de 1968, o qual instalou um regime autoritário que teve paralelo em vários outros países latino-americanos. Nesse contexto, a educação foi uma das mais atingidas e, consequentemente, o cotidiano escolar, em que ocorria o Ensino Religioso.

Os debates sobre a educação no âmbito da sociedade brasileira aconteceram em meio à severa repressão aos movimentos populares, sendo

---

* Para ver na íntegra o Ato Institucional nº 5, de 13 de dezembro de 1968, acesse: <http://www.acervoditadura.rs.gov.br/legislacao_6.htm>.

os anos de ditadura os responsáveis pelo fortalecimento da chamada *corrente tecnicista*, voltada para o ensino profissionalizante, e pelo abandono do percurso da educação humanista e das primeiras experiências de uma proposição progressista histórica.

Acreditavam os governantes que a escola secundária deveria preparar o estudante para ocupar um lugar no mercado de trabalho, segundo as necessidades da indústria em expansão. Então, o "ensino para todos" voltou-se, definitiva e claramente, para a subserviência aos interesses do capital industrial e às novas elites. Portanto, o modelo proposto e operacionalizado no Brasil é o do Ensino Religioso como uma sequência do trabalho realizado nas comunidades de fé, nada mais do que uma catequese na escola.

Assim, os reflexos na educação foram imediatos e variados, até mesmo na reestruturação da representação estudantil. Desde o início da ditadura, estabeleceram-se legislações para combater entidades como a União Nacional de Estudantes e os diretórios acadêmicos. Esse controle foi realizado também nas escolas de nível médio: os grêmios transformaram-se em centros cívicos, sob a direção do professor de Educação Moral e Cívica, que deveria ser um profissional de confiança do diretor. O então ministro da Educação, coronel Jarbas Passarinho, publicou, em 11 de agosto de 1971, a nova LDBEN, Lei n° 5.692[*], que permaneceu em vigor até dezembro de 1996. Essa lei integrava os princípios humanísticos da LDBEN/1961 (fins da educação, direito à educação, liberdade de ensino); entretanto modificava substancialmente a doutrina sobre a instrução primária e média, que fora fixada pela Lei n° 4.024, de 20

---

[*] Para ver na íntegra a Lei de Diretrizes e Bases da Educação Nacional n° 5.692, de 11 de agosto de 1971, acesse: < http://www.planalto.gov.br/ccivil_03/Leis/L5692.htm>.

dezembro de 1961, e introduziu inovações que lhe deram uma configuração inteiramente original, em face da tradição[45].

Essa legislação orientou os objetivos por princípios de base liberal, mas na realidade, era tecnicista. A escola passou a ser responsável por organizar o processo de aquisição por parte dos indivíduos das habilidades, atitudes e conhecimentos específicos, úteis e necessários para que eles fossem integrados ao sistema social. Dessa forma, os conteúdos nada mais seriam do que informações, princípios e leis, estabelecidos de forma lógica por especialistas. As matérias eram aquelas que podiam ser mensuráveis, sistematizadas por meio de instrumentos previamente programados. Com essa reforma, aumentou o número de disciplinas obrigatórias em todo o território nacional, mas o Ensino Religioso permanecia facultativo para os alunos. O núcleo comum obrigatório passou a abranger dez conteúdos específicos: um de Comunicação e Expressão (Língua Portuguesa); três de Estudos Sociais (Geografia, História e Organização Social e Política do Brasil); dois de Ciências (Matemática e Ciências Físicas/Biológicas) e quatro Práticas Educativas (Educação Física, Educação Artística, Educação Moral e Cívica e Programas de Saúde). Em consequência, ficou prejudicada a liberdade dos sistemas para incluírem outras disciplinas de cunho mais reflexivo, como Filosofia e Sociologia[38].

A partir desse contexto de educação, na década de 1970, foi possível verificar de forma gradual o desenvolvimento de diversas experiências que buscaram viabilizar uma nova proposta para o Ensino Religioso, resultado de muitas discussões, mas, sobretudo, fruto de um movimento histórico, iniciado nas décadas anteriores, com as conquistas de novos referenciais. Em meio às contestações, ocorreram algumas experiências na busca da construção do Ensino Religioso como disciplina no ambiente escolar, embora ainda não houvesse conquista de espaço, nem de doutrinação.

Nos estados da federação, o Ensino Religioso passou a ser uma presença reconhecida nos sistemas de ensino com um novo *status* legislativo. É preciso recordar que essa disciplina já existia em alguns estados como Minas Gerais e Rio Grande do Sul, mas a novidade estava, então, na formação de um novo quadro nacional. Foi notório o esforço de articulação do Ensino Religioso no país, com certeza um movimento enriquecedor, pois as experiências regionais da década de 1970 foram fortalecidas com os Encontros Nacionais de Ensino Religioso (Eners), promovidos pela Conferência Nacional dos Bispos do Brasil (CNBB) para partilha e reflexão, busca de cursos e produção de subsídios[38].

1.3.3
ENSINO RELIGIOSO NA ESCOLA, A PARTIR DA REVISÃO DO ART. 33 DA LEI Nº 9.394/1996

NA SEGUNDA METADE DA DÉCADA de 1980, no período da elaboração da nova Constituição, a questão polêmica do Ensino Religioso novamente foi discutida, assim como no processo de redação da LDBEN nos anos de 1990, quando foi positivamente significativo o intuito de organizar uma estrutura para essa disciplina[45].

Quando o Projeto de Lei sobre a Educação foi retomado, em abril de 1995, elaborado pelo senador Darcy Ribeiro e aprovado pela Comissão de Educação do Senado, o Ensino Religioso não foi levado em consideração, a princípio. Ele foi incluído só após a reivindicação de vários setores da sociedade, o que acabou por explicitar um embate no qual não há vencidos nem vencedores, mas tão somente visões profundamente diferentes. Desse modo, a inserção do Ensino Religioso no contexto global da educação visava tornar as relações do saber mais solidárias e participativas, ajudando a descobrir instrumentos eficazes para a compreensão e a ação transformadora da realidade social, pelos valores fundamentais da vida[38].

Esse contexto favoreceu uma nova mobilização para a definição dessa disciplina, entre abril de 1995 e dezembro de 1996. Mesmo com garantia na Constituição, eram necessários elementos complementares a serem mais bem definidos na LDBEN, a qual, por sua vez, já continha aspectos claros em consequência do movimento neoliberal e dos novos paradigmas na e da sociedade.

Nesse sentido, o Ensino Religioso foi considerado confessional quando ministrado de acordo com a confissão religiosa do aluno ou responsável, portanto, com professores e orientadores preparados e credenciados pelas respectivas igrejas ou entidades religiosas. Já o interconfessional seria conduzido por professores indicados por mais de uma entidade religiosa, após estas entrarem em acordo entre si, sendo eles os responsáveis pela elaboração e pelo desenvolvimento do respectivo programa. Coube aos sistemas de ensino a responsabilidade pelo credenciamento de professores ou orientadores do Ensino Religioso de suas respectivas escolas, devendo, para tal, atuar de forma articulada com as entidades religiosas.

Entretanto, mesmo antes de ser sancionada pelo presidente da República, a redação do texto final gerou manifestações contrárias, especialmente por parte da CNBB, pois a expressão "sem ônus para os cofres públicos" suscitou e ampliou novos debates e estudos sobre a natureza do Ensino Religioso, reforçando a necessidade de serem salvaguardados os princípios da liberdade religiosa e do direito do cidadão que frequenta a escola pública. Se nenhum cidadão pode ser discriminado por motivo de crença, é direito de todos o acesso a uma educação integral, que inclua o desenvolvimento de todas as dimensões de seu ser, inclusive religiosa, independente de sua concepção. A principal motivação dessas novas discussões foi a tradicional argumentação republicana da "separação Estado e Igreja", nos termos do Decreto nº 119-A de 7 de janeiro de 1890, revisto e incluído na Constituição de 1988 em vigor, nos termos do art. 19.

Quando, em dezembro de 1996, o texto final da Lei nº 9.394 foi homologado, as pressões sobre a questão do ensino religioso eram significativas, tanto que o então presidente Fernando Henrique Cardoso indicou a necessidade de que se fizesse uma reflexão mais aprofundada a respeito do assunto. A intenção do governo era dar uma nova concepção à disciplina, com vistas a acenar, não para o ensino doutrinário, mas para o fenômeno religioso voltado à formação do ser humano e como disseminador dos valores éticos. Mas, na realidade, isso criou outros dificultadores.[45]

O Ministério da Educação e do Desporto encaminhou, ainda em março de 1997, um anteprojeto de lei para o Congresso Nacional, referente à alteração do art. 33. A presidência da CNBB analisou e aprovou a proposta do ministro, mas sugeriu uma nova redação, sendo que os bispos católicos apresentaram ao chefe de gabinete do ministro, Edson Machado de Sousa, as sugestões da CNBB. Outra autoridade com quem os bispos discutiram essa questão foi o então vice-presidente da República, Marco Maciel. Ainda não satisfeitos, membros da CNBB e do Conselho Nacional das Igrejas Cristãs do Brasil (Conic) realizaram novos encaminhamentos, solicitando a produção de uma outra proposta, que, depois de elaborada, foi entregue ao Ministério da Educação em abril de 1997.

Outro esforço da CNBB para debater a questão foi a consulta feita ao advogado Célio Borja sobre a constitucionalidade do art. 33 da Lei nº 9.394/1996, no que concerne à questão do ônus. Esse problema é histórico e político, pois a viabilidade da disciplina está intimamente relacionada ao seu financiamento. Os opositores a essa ideia bem sabiam desse fato, e, por esse motivo, o episcopado procurou cercar-se de argumentos que revertessem o quadro estabelecido pela LDBEN[38].

Uma outra associação muito importante que influenciou todo esse processo foi o Fonaper, criado em 1995, que afirmava não ser suficiente apenas a conquista política do pagamento para os professores, mas era necessária uma formatação pedagógica que alterasse o foco do embate, ou seja, em vez de tratá-lo como um problema do conflito entre Igreja e Estado, era necessário compreendê-lo como um componente do currículo.

Para tanto, ocorreu a III Sessão do Fonaper, de 12 a 14 de março de 1996, nas dependências da Universidade Metodista de Piracicaba (SP). A sessão contou com a presença de 75 participantes, procedentes de 18 estados brasileiros, de várias denominações religiosas. Debateram-se propostas referentes aos Parâmetros Curriculares Nacionais (PCN) para o Ensino Religioso, além da questão de capacitação de professores e da política de articulação legislativa. O resultado foi a aprovação, pelo plenário do Fonaper, dos PCN supracitados, assim como o encaminhamento do texto substitutivo ao art. 33 da LDBEN, que respaldava o modelo proposto pelos professores e pelas instituições representadas no fórum[41].

Entretanto, o episcopado brasileiro empenhou-se em alterar o texto legislativo, tanto que, durante a XXXV Assembleia Geral da CNBB, em abril de 1997, ao ser informado que a LDBEN fora aprovada, contemplando o ensino religioso, mas sem o desejado inciso "com ônus para o Estado", o presidente da CNBB, D. Lucas Neves, redigiu um fax ao presidente da República, dizendo-se surpreso com a aprovação do inciso e pedindo seu veto. Ocorreu que, na última hora da votação, um deputado do PSDB de São Paulo pediu um destaque pela bancada e o texto foi inserido. Com exceção do PCdoB, todos os outros partidos estavam de acordo com a retirada do inciso sobre o "ônus para o Estado".

No decorrer dessa assembleia da CNBB, o Ensino Religioso foi amplamente discutido, tendo sido retomado o documento *Educação, Igreja e Sociedade* (aprovado na Assembleia Geral de 1992), assim como se procurou resgatar os Eners. Diante desse desafio, ocorreu uma maior articulação dos profissionais que atuavam nessa área, por meio de amplos debates sobre a identidade do Ensino Religioso, a formação de professores e a organização de subsídios. Nessa ocasião, o episcopado foi auxiliado a compreender o processo que essa disciplina estava sofrendo.

Visando a uma nova oportunidade para a formatação do Ensino Religioso, o Fonaper organizou o I Seminário de Capacitação Docente, em 20 de maio de 1997, na Universidade São Francisco (USF), em São Paulo, em parceria com a Associação Brasileira de Escolas Superiores Católicas (Abesc). Contou com a presença de 15 universidades, com o objetivo de pensar o curso de formação de professores. Nessa ocasião, foi apresentado o anteprojeto de mudança do art. 33 da LDBEN, com o objetivo de discutir e encaminhar sistematicamente a formação do profissional de Ensino Religioso, não para uma determinada confissão religiosa, mas como parte do sistema de ensino, a partir dos PCN.

O processo legislativo prosseguiu no Congresso Nacional em consonância com todos esses movimentos de pressão para a estruturação de uma disciplina escolar. Foram apresentadas três proposições de mudanças, sendo que o primeiro Projeto de Lei n° 2.757/1997, de autoria do deputado Nelson Marchezan (PSDB-RS), não introduziu grandes alterações, mas tão somente propôs a retirada da expressão "sem ônus para os cofres públicos". A justificativa estava baseada no princípio de que o Ensino Religioso é componente curricular da educação básica e de importância para a formação do cidadão e para seu pleno desenvolvimento como ser humano, por conseguinte, é parte do dever constitucional do Estado em matéria educacional.

De autoria do deputado Maurício Requião (PMDB-PR), o segundo Projeto de Lei (n° 2.997/1997) propunha alterações significativas na redação do art. 33 da LDBEN, pois pretendia que o Ensino Religioso fosse parte integrante da formação básica do cidadão, sendo vedada qualquer forma de doutrinação ou proselitismo. Dessa forma, os conteúdos, já definidos segundo os PCN, deveriam respeitar a diversidade cultural brasileira, de comum acordo com as diversas denominações religiosas ou entidades que as representam.

O terceiro Projeto de Lei, n° 3.043/1997, foi de autoria do Poder Executivo, e entrou na Câmara dos Deputados em regime de urgência constitucional (art. 64, § 1° da Constituição Federal). Propôs a manutenção do texto da LDBEN, e que não fosse aplicado o art. 33, quando o Ensino Religioso adotasse a modalidade de caráter ecumênico de acesso a conhecimentos, promovendo, assim, a educação do senso religioso. Remetia à definição de procedimentos e conteúdos, bem como às formas de treinamento, recrutamento e remuneração dos professores para a competência de cada sistema de ensino. Admitia também parceria (total ou parcial) para esse fim, com entidade civil constituída pelas diferentes denominações religiosas.

Os três projetos evidenciaram importantes convergências, entre elas o princípio de que o Ensino Religioso é parte integrante essencial da formação do ser humano, como pessoa e cidadão, estando o Estado obrigado a promovê-lo, não só pela previsão de espaço e tempo na grade horária curricular da educação básica pública, mas também pelo seu custeio, quando não se revestir de caráter doutrinário ou proselitista, possibilitando, assim, aos educandos o acesso à compreensão do fenômeno religioso e ao conhecimento de suas manifestações nas diferentes denominações religiosas[28].

Ao então deputado Pe. Roque Zimmermann (PT-PR), como membro da Comissão de Educação, Cultura e Desporto, coube assumir a relatoria do processo de revisão do art. 33 da LDBEN. A proposta apresentada pelo deputado foi, na realidade, uma colaboração do Fonaper, resultado de diversos estudos, e um retorno aos projetos anteriores, sobretudo porque aproveitava o viés conceitual que dificultou a discussão anterior em relação ao que seria, de fato, o inter-religioso, já que tal termo estava mal colocado. Sem utilizar novas terminologias, o substitutivo respeitava o espírito de todas as discussões, ou seja, o pluralismo religioso.

No decorrer dos debates na Câmara dos Deputados, foi possível perceber, pelas colocações dos deputados, as concepções do ensino religioso ainda persistentes de visões como aula de religião para ensinar a honestidade e os valores aos brasileiros, ou de que não cabe ao Estado financiar as religiões. A visão pedagógica, ou seja, de disciplina, ainda não era, ou melhor, não é percebida pelos legisladores. Mas, entre as variáveis que facilitaram a aprovação desse projeto destaca-se, por exemplo, o apoio do Ministério de Educação, já que a proposta anterior da LDBEN apresentava sérias dificuldades operacionais. Um desafio foi neutralizar alguns políticos que mantinham seu voto contrário à mudança do texto. Finalmente, para o projeto ser aprovado, alguns elementos tiveram de ser retirados do texto, dentre eles a questão da matrícula. Então, foi proposto que esta assumisse um caráter de obrigatoriedade, omitindo, assim, a ideia da disciplina ser facultativa, como permanece na Constituição.

É importante ressaltar que um dos argumentos principais para justificar o projeto foi o respeito à pluralidade, pois a proposta é de serem trabalhados os fundamentos da religiosidade e seus valores, e não este ou aquele grupo religioso. Para o relator, outro mérito do projeto residia na autenticidade, pois o professor não pode vir "disfarçado" e depois se tornar professor de sua confissão religiosa.

O fato é que, na sessão de 17 de junho de 1997, no plenário da Câmara dos Deputados, foi aprovado com quase unanimidade o novo texto do art. 33 da LDBEN, bem como no Senado da República, sem emendas (em 9 de julho do mesmo ano) e sancionado pelo presidente da República com o número de Lei nº 9.475/1997*. No ano seguinte, o Conselho Nacional de Educação (CNE) reconheceu o ensino religioso como área de conhecimento, portanto, pertinente ao currículo (CNE/CEB, Resolução nº 02/1998).

SÍNTESE

NO PERÍODO COLONIAL E DO império brasileiro, a presença da

---

* Para ver na íntegra a Lei nº 9.475, de 22 de julho de 1997, que dá nova redação ao artigo 33 da Lei nº 9.394, acesse: <http://www.planalto.gov.br/ccivil_03/Leis/L9475.htm>.

educação não era significativa, muito menos democrática, pois a preocupação era formar elites, em sua maioria, para a manutenção da situação. Além do ensino de língua, especialmente o do português, e aspectos práticos da matemática, encontramos o ensino da religião, que era um dos instrumentos de continuidade político-econômica.

Com a proclamação do regime republicano, a situação nacional sofreu algumas alterações. Uma delas foi a tentativa de separação do Estado brasileiro da Igreja Católica Romana. Foi nesse contexto que a presença das aulas de religião passaram a ser consideradas impróprias, já que significavam, de certa forma, o financiamento da Igreja pelo Estado. Mas, com interesses de apoio político por parte de governantes como Getúlio Vargas, essas aulas retornaram à escola, pagas pelo poder público, com a nomenclatura de *Ensino Religioso* – o nome foi alterado, mas a concepção continuou sendo de aulas de religião. Para amenizar as críticas, foi permitido que os estudantes ou seus responsáveis pudessem escolher entre participar ou não da disciplina. Essa introdução das aulas ocorreu nos anos de 1930 e desde então é constante a disputa entre manter e retirar o Ensino Religioso da grade curricular.

Os argumentos contrários e em defesa do Ensino Religioso foram desenvolvidos quando do período constituinte na década de 1980, assim como durante aprovação da Lei de Diretrizes e Bases de Educação Nacional, em 1996. A polêmica continuou mesmo após a homologação da LDBEN, o que exigiu uma reformulação, que aconteceu em 1997, tanto que foi o primeiro artigo dessa lei a ser alterado. O Ensino Religioso passou então a ser concebido como uma área de conhecimento e organizado a partir da escola e não das religiões.

Ao verificarmos como isso se processou nos estados da federação, percebemos que ainda existem autoridades religiosas que promovem movimentos para o retorno ao ensino de religião, pois, de fato, buscam utilizar a escola como espaço de homogeneização religiosa no país.

A compreensão e a reverência à diversidade religiosa brasileira como uma das variáveis da formação de nossa cultura é um dos aspectos mais apreciados internacionalmente, pois apesar de todos os limites, podemos celebrar a tradição ou a negação dessas variáveis, que recebemos daqueles que formaram o Brasil. Conhecer esse caminho, das aulas de religião às aulas de Ensino Religioso, é compreender a história deste país, da educação oferecida às crianças, aos adolescentes, aos jovens e aos da melhor idade.

INDICAÇÃO CULTURAL

DEUS é Brasileiro. Direção: Cacá Diegues. Produção: Renata de Almeida Magalhães. Brasil: Columbia TriStar Filmes do Brasil, 2003. 110 min.

A religiosidade do povo brasileiro é uma das variáveis significativas para compreender a cultura nacional. Desse modo, saber ler essa diversidade contribui para entender a história, as artes, a ocupação do espaço e tantas áreas do conhecimento apresentadas às crianças e aos adolescentes na escola. Nesse contexto, justifica-se a presença do Ensino Religioso que valoriza as manifestações religiosas do país. Por meio desse filme é possível rever diferenças entre ensinar uma religião (papel das comunidades religiosas) ou propor a descoberta dos variados modos de considerar as tradições que formaram a população brasileira nas aulas de Ensino Religioso.

ATIVIDADES DE AUTOAVALIAÇÃO

Para as questões a seguir, marque (V) para verdadeiro e (F) para falso. Depois, assinale a alternativa que expressa a sequência correta.

1 Sobre o Ensino Religioso, hoje, no Brasil, encontramos a concepção de que:

( ) as aulas de religião, por ensinarem uma única visão de mundo e favorecerem, muitas vezes, a negação da diversidade religiosa do país são algo que contraria o artigo da Constituição brasileira que afirma: "[...] VI – é inviolável a liberdade de consciência e de crença, sendo assegurado o livre exercício dos cultos religiosos e garantida, na forma da lei, a proteção aos locais de culto e a suas liturgias; VII – é assegurada, nos termos da lei, a prestação de assistência religiosa nas entidades civis e militares de internação coletiva; VIII – ninguém será privado de direitos por motivo de crença religiosa ou de convicção filosófica ou política, salvo se as invocar para eximir-se de obrigação legal a todos imposta e recusar-se a cumprir prestação alternativa, fixada em lei [...]".

( ) as aulas de religião buscam desenvolver conteúdos que permitam a leitura da diversidade religiosa do país e que não se ocupem em orientar os estudantes para uma única visão de mundo, com o objetivo de construir uma sociedade hegemônica, baseada em números do censo demográfico.

( ) as aulas de religião colaboram para a formação ética dos estudantes, já que eles aprendem a amar, a serem justos e honestos, a partir dos ensinamentos da Bíblia, o que é o resultado de uma longa história na educação do ensino moral nas escolas, por meio dessa disciplina.

( ) as aulas de religião buscam desenvolver conteúdos que permitem o controle da natalidade e o incentivo a uma hegemonia social.

( ) as aulas de religião colaboram para a formação mística dos estudantes, já que eles treinam o amar a partir dos ensinamentos da Bíblia nas escolas, por meio dessa disciplina.

A) F, F, V, V, F
B) V, F, V, F, F
C) F, V, F, V, V
D) V, F, V, V, V

2 A concepção de Estado laico, proposto por Rui Barbosa, no início do período republicano, é um dos principais argumentos na discussão sobre o Ensino Religioso na escola pública. Qual é a proposta de Estado laico, discutida pelo jurista?

( ) O jurista era favorável à proposta do princípio americano, mas a compreensão que o Estado brasileiro assumiu foi a de negar a presença religiosa oriunda da interpretação francesa.

( ) Ele foi favorável à concepção laica, na qual o Estado simplesmente não assume uma confissão, mas permite a liberdade de seus cidadãos professarem suas crenças, já que ao Estado compete garantir a liberdade religiosa da população.

( ) Ele foi favorável a uma perspectiva de ateísmo, negando realmente a presença do transcendente.

( ) Ele foi favorável a uma perspectiva de ateísmo, negando realmente a presença de um panteísmo.

( ) Ele foi favorável à concepção doutrinal, na qual o Estado simplesmente assume uma confissão.

A) V, F, F, F, F
B) V, F, V, F, F
C) F, V, V, V, V
D) V, F, V, V, V

3 Na segunda metade da década de 1990, alguns fatos foram significativos para a mudança de um modelo de ensino de religião para o Ensino Religioso no contexto escolar. São eles:

( ) a criação do Fonaper, que propunha não apenas uma alteração da lei, mas a preocupação com a formação do professor e a concepção pedagógica da disciplina.

( ) a mobilização de entidades como a CNBB e o Conic, que questionaram o governo brasileiro sobre uma disciplina que, por não ser obrigatória para o estudante, não haveria pagamento do professor, o que criou situações operacionais constrangedoras, reconhecidas pelo próprio ministro da Educação.

( ) a preocupação do proponente da nova LDBEN, Darcy Ribeiro, que favoreceu a disciplina de Ensino Religioso, com aspectos que a integrava no currículo brasileiro.

( ) os embates preparatórios para elaboração da LDBEN, que aconteceram na Câmara de Deputados no início dos anos de 1990.

( ) os planos econômicos do governo brasileiro que alteraram a situação sociopolítica da população.

A) F, F, V, V, F
B) V, F, V, F, F
C) V, V, F, F, F
D) V, F, V, V, V

4 O Ensino Religioso, a partir de 1997, passou a ser compreendido como:

( ) uma disciplina do currículo brasileiro, como um marco estruturado de leitura e interpretação da realidade, essenciais para garantir a possibilidade de participação do cidadão na sociedade, de forma autônoma.

( ) uma disciplina que favorece a leitura de uma única forma de ver o mundo religiosamente e também busca a complementaridade do trabalho realizado nas diferentes comunidades religiosas ou, ainda, de modo suplementar, já que as famílias e as tradições nem sempre conseguem formar os valores propostos por essas instituições.

( ) uma disciplina que favorece a compreensão da diversidade religiosa do país, visando colaborar para a construção do respeito, da reverência às pessoas que crêem e às que não crêem, já que nenhum cidadão deve ser privado de direitos por motivo de crença religiosa, de convicção filosófica ou política, salvo se as invocar para eximir-se de obrigação legal a todos imposta e recusar-se a cumprir prestação alternativa, fixada em lei.

( ) uma disciplina que não favorece a leitura de uma única forma de ver o mundo religiosamente e também busca a complementaridade do trabalho realizado nas diferentes comunidades filosóficas, ou ainda, de modo suplementar, já que as famílias e as tradições nem sempre conseguem formar os princípios propostos por tais instituições.

( ) uma disciplina que favorece a leitura de uma única forma de ver o mundo religiosamente e também busca a complementaridade do trabalho realizado na única comunidade religiosa.

A) F, F, V, V, F
B) V, F, F, F, F
C) V, V, F, V, V
D) F, V, F, V, V

 Existe um questionamento sobre o nome da disciplina de Ensino Religioso, mas, para que tal nomenclatura seja alterada, é necessário modificar:
( ) a Lei de Diretrizes e Bases da Educação Nacional – n° 9.394/1996.
( ) a Constituição do Brasil – 1988.
( ) as Diretrizes Curriculares.
( ) as Constituições Estaduais.
( ) as Constituições Municipais.

A) F, F, F, F, V
B) F, V, F, F, F
C) V, F, F, F, F
D) F, V, F, V, V

Atividades de Aprendizagem

Questões para Reflexão

A história do Ensino Religioso confunde-se com a formação do processo de escolarização brasileira, mas especialmente com o papel da religião na formação da população. O Ensino Religioso, ainda hoje, contempla um espaço de proposição de ideias, seja para o crescimento do indivíduo e da comunidade, seja para o fortalecimento de instituições por elas mesmas, o que constrange o país a adotar normas para toda a população, as quais, na realidade, são singulares de determinados grupos.

Não é apenas o Ensino Religioso que é utilizado para semelhantes interesses, mas todo o currículo escolar, desde simples textos em língua portuguesa até a forma como os fatos históricos são apresentados. Diante desses pressupostos, procure verificar, no cotidiano de uma escola, como elementos religiosos são apresentados de forma implícita ou explícita para os estudantes. Organize, inicialmente, uma relação de fatos, por exemplo, a presença de imagens, o uso de canções, de frases bíblicas no refeitório, a prática de orações antes das refeições etc. A partir dessa relação, elabore um texto que explicite sua reflexão sobre o significado do uso de práticas religiosas em uma escola pública, pertencente a um Estado laico. Caso você esteja trabalhando em uma dessas escolas, seja municipal ou estadual, e tenha condições, discuta o assunto com alguns colegas. Coloque no final de seu texto o resultado das observações de seus colegas. Essa atividade poderá colaborar para repensar o papel do Ensino Religioso no contexto escolar.

2 Nessa mesma perspectiva, solicitamos que você verifique como, em sua cidade, os elementos religiosos são utilizados nos espaços públicos, por exemplo, na prefeitura, na Câmara Municipal, no posto saúde e em outros lugares mantidos por verbas públicas, onde existem símbolos de alguma religião ou são utilizados textos religiosos para justificar ações políticas. Reflita: toda e qualquer religião pode ser explicitada nesses espaços?

3 Atue como um repórter e procure o maior número de informações sobre como um espaço público laico permite a divulgação de práticas religiosas. A partir desses elementos, elabore uma reportagem sobre **religião e Estado**. Lembre-se de que, para que possamos compreender o novo perfil do Ensino Religioso na perspectiva da Educação, devemos perceber o significado de um país como o Brasil – Estado laico –, em que a dimensão religiosa não pode ser causa discriminatória de nenhum indivíduo.

ATIVIDADE APLICADA: PRÁTICA

1 Entreviste pelo menos dois professores que atuam no Ensino Religioso, dois alunos que participam de aulas dessa disciplina, assim como dois responsáveis por estudantes que frequentam essas aulas, e pergunte a cada um deles:

- A) Qual o objetivo do Ensino Religioso na escola?
- B) Como deveriam ser os conteúdos dessa disciplina na opinião de cada um?
- C) Existe alguma relação com o conteúdo que é apresentado na disciplina e a realidade brasileira?

Após as entrevistas, elabore um texto explicitando qual das três concepções de Ensino Religioso está presente nas respostas de seus entrevistados: é uma disciplina que objetiva cuidar da formação moral dos estudantes, a fim de que aprendam a se comportar e a ter valores; é uma disciplina que não deveria estar na escola, pois isso é papel das religiões; ou por meio dessa disciplina podemos compreender e respeitar a diversidade religiosa do país.

Dessa forma será possível verificar que os conceitos encontrados entre legisladores e acadêmicos também estão presentes no cotidiano da escola, entre seus professores, estudantes e responsáveis. Finalize o texto com as suas considerações sobre o tema.

Dois

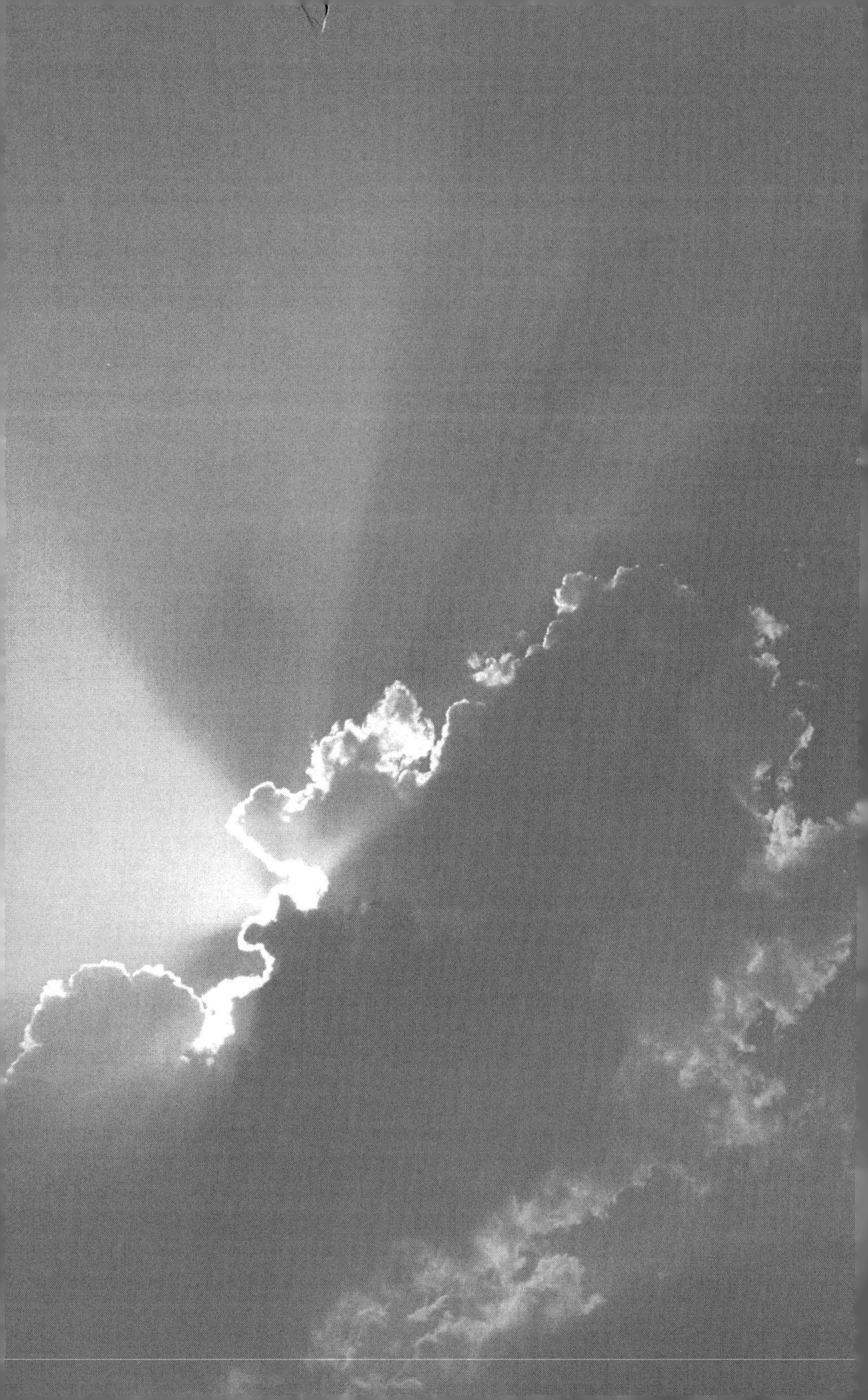

O Ensino Religioso nas legislações brasileiras do período republicano

A PARTIR DO PERÍODO REPUBLICANO, as legislações sobre o ensino têm como um dos princípios a escola laica, mantendo a postura da separação entre Igreja e Estado, expressa por meio do lema "uma Igreja livre em um Estado livre". Isso deveria impedir a ingerência de instituições religiosas no espaço público e manter esse referencial como divisor de proposições.

Há uma certa insistência de que a religião é tarefa dos templos, das famílias e não da escola. Portanto, a formação de fiéis é compreendida como competência das comunidades religiosas e não do Estado, sobretudo em respeito à diversidade das tradições.

Entretanto, com a Proclamação da República, o Brasil passou a ser reconhecido como um país laico, que não proibia a participação dos brasileiros em suas respectivas tradições religiosas, mas assegurava a todos os direitos de professar um credo ou mesmo de negar a todos, como ficou descrito no art. 72 da Constituição da República dos Estados Unidos do Brasil de 1891:

> § 3° *Todos os indivíduos e confissões religiosas podem exercer pública e livremente o seu culto, associando-se para esse fim e adquirindo bens, observadas as disposições do* **direito comum**.
>
> § 4° *A República só reconhece o* **casamento civil**, *cuja celebração será gratuita.*
>
> § 5° *Os* **cemitérios terão caráter secular e serão administrados pela autoridade municipal**, *ficando livre a todos os cultos religiosos a prática dos respectivos ritos em relação aos seus crentes, desde que não ofendam a moral pública e as leis.*

§ 6º Será leigo o **ensino ministrado nos estabelecimentos públicos**.

§ 7º **Nenhum culto ou igreja gozará de subvenção oficial, nem terá relações de dependência ou aliança com o Governo da União, ou o dos Estados**. [grifo nosso]

Uma das consequências dessas determinações foi a eliminação das aulas de religião do espaço escolar. Já em 1889, Benjamin Constant, ministro de Instrução, Correios e Telégrafos, foi o responsável por uma profunda reforma no ensino, implementando medidas como alterações no currículo, reestruturação dos conteúdos e organização das ciências, segundo os princípios de Auguste Comte (positivismo).

Mesmo diante da aparente homogeneidade cutural-religiosa nos debates políticos, insistia-se na presença de uma gama de grupos religiosos e na conquista de uma convivência pacífica entre eles. Portanto, exigir que, em período escolar, fossem mantidas aulas de religião, seria como interferir na liberdade religiosa garantida constitucionalmente.

O episcopado brasileiro sempre esteve contrário a essa visão, pois a indiferença religiosa é muito negativa, e o ensino leigo, na concepção do episcopado, é o mesmo que ateu e irreligioso. Essa configuração para educação seria responsável por profundos males ao país. Como já vimos anteriormente, essa discussão ocorre na interpretação francesa da época, que tomou como princípio de liberdade religiosa a "neutralidade escolar", compreendendo a ausência de qualquer tipo de informação religiosa. Portanto, a expressão *ensino leigo*, presente na Constituição, foi assumida por muitos legisladores do regime republicano no Brasil como irreligioso, ateu, laicista, sem a presença de elementos oriundos das crenças dos cidadãos que frequentassem as escolas mantidas pelo sistema estatal. Portanto, essa escola pública, desprovida do seu caráter religioso, foi condenada explicitamente pelos bispos da Igreja Católica que não aprovavam as escolas neutras, mistas e leigas, especialmente por suprimir todo o ensino da doutrina cristã.[39]

A presença de uma disciplina religiosa na escola pública foi retomada em 1931, no Decreto nº 19.941*, em um texto que introduziu o Ensino Religioso:

> *O Chefe do Governo Provisório da República dos Estados Unidos do Brasil decreta:*
>
> *Art. 1º Fica facultativo, nos estabelecimentos de instrução primária, secundária e normal, o ensino da religião.*
>
> *Art. 2º Da assistência às aulas de religião haverá dispensa para os alunos, cujos pais ou tutores, no ato da matrícula, a requererem.*
>
> *Art. 3º Para que o ensino religioso seja ministrado nos estabelecimentos oficiais de ensino é necessário que um grupo de, pelo menos, vinte alunos se proponha a recebê-lo.*
>
> *Art. 4º A organização dos programas de ensino religioso e a escolha dos livros de texto ficam a cargo dos ministros do respectivo culto, cujas comunicações, a este respeito, serão transmitidas às autoridades escolares interessadas.*
>
> *Art. 5º A inspeção e vigilância do ensino religioso pertencem ao Estado, no que se respeita à disciplina escolar, e às autoridades religiosas, no que se refere à doutrina e à moral dos professores.*

A introdução do Ensino Religioso nas escolas brasileiras, a partir de

---

* Para ver na íntegra o Decreto nº 19.941, de 30 de abril de 1931, acesse: <http://www.histedbr.fae.unicamp.br/navegando/fontes_escritas/5_Gov_Vargas/decreto%2019.941-1931sobre%20o%20ensino%20religioso.htm>.

1931, foi justificada pelo ministro da Educação, Francisco Campos, com argumentos de caráter filosófico e pedagógico. Contudo, existia uma significação política evidente: tratava-se de obter o apoio da Igreja ao novo governo, oriundo da Revolução de 1930. Entretanto, a dimensão política não esgotou todo o significado desse ato. Além dela, o decreto de introdução do Ensino Religioso nas escolas teve igualmente uma dimensão ideológica: ao identificar "formação moral" com a educação religiosa e transferir para a Igreja a responsabilidade pela formação moral do cidadão, o Estado não apenas respondeu às exigências dos educadores católicos, que reclamavam para a Igreja essa tarefa, mas também se mostrou fiel à sua concepção autoritária, pelo estabelecimento de mecanismos para reforçar a disciplina e a autoridade.

Finalmente, na Constituição de 1934[*], Getúlio Vargas, que percebia o apoio da Igreja Católica, retomou as orientações do texto do governo provisório de 1931:

> Art. 153. *O ensino religioso será de frequência facultativa e ministrado de acordo com os princípios da confissão religiosa do aluno, manifestada pelos pais ou responsáveis, e constituirá matéria dos horários nas escolas públicas primárias, secundárias, profissionais e normais.* [grifo nosso]

A Constituição Federal de 1934 e as Estaduais duraram pouco. O país conheceu, logo em seguida, duros tempos de ditadura. Nesse sentido, a Constituição outorgada em 10 outubro 1937 retomou como lícita a possibilidade de uma educação religiosa nas escolas oficiais. Não

---

[*] Para ver na íntegra a Constituição da República dos Estados Unidos do Brasil, de 16 de julho de 1934, acesse: <http://www.planalto.gov.br/Ccivil_03/Constituicao/Constitui%C3%A7ao34.htm>.

significou, contudo, o seu estabelecimento como disciplina obrigatória dos horários das escolas, já que orientou essa disciplina como facultativa para ambos, o estudante e o professor:

> Art. 133. O ensino religioso poderá ser contemplado como matéria do curso ordinário das escolas primárias, normais e secundárias. Não poderá, porém, constituir objeto de obrigação dos mestres ou professores, nem de frequência compulsória por parte dos alunos.

Esse foi um período de alterações no quadro político brasileiro, em que a escola e suas orientações sofreram influências explicitadas, posteriormente, na Constituição de 1946, inclusive com a questão do Ensino Religioso retornando à discussão:

> Art. 168. A legislação do ensino adotará os seguintes princípios:
> [...]
> V – o ensino religioso constitui disciplina dos horários das escolas oficiais, é de matrícula facultativa e será ministrado de acordo com a confissão religiosa do aluno, manifestada por ele, se for capaz, ou pelo seu representante legal ou responsável.

Como é possível perceber, o modelo utilizado passou a ser o confessional, e ocorrem por negociações políticas entre Estado e Igreja, inferência que neste século XXI, são ainda percebidas, pois o poder eclesiástico sobre a escola é uma questão significativa nessas relações.

No texto da Constituição de 1967*, definida durante o Regime Militar, o Ensino Religioso também esteve presente no art. 168: "IV – o ensino

---

* Para ver na íntegra a Constituição da República Federativa do Brasil, de 24 de janeiro de 1967, acesse: <http://www.planalto.gov.br/ccivil_03/Constituicao/Constitui%C3%A7ao67.htm>.

religioso, de matrícula facultativa, constituirá disciplina dos horários normais das escolas oficiais de grau primário e médio".

Finalmente, em 1988, com a proclamação da chamada *Constituição Social*, que visava confirmar a redemocratização brasileira, o Ensino Religioso foi inserido nessa Constituição pela mobilização nacional de professores e líderes religiosos como a segunda maior emenda popular ao texto da lei. Foi um dispositivo que assegurou à população apresentar artigos a partir da organização popular. O texto assim ficou definido:

Art. 210. Serão fixados conteúdos mínimos para o ensino fundamental, de maneira a assegurar formação básica comum e respeito aos valores culturais e artísticos, nacionais e regionais.

§ 1º O ensino religioso, de matrícula facultativa, constituirá disciplina dos horários normais das escolas públicas de ensino fundamental.

§ 2º O ensino fundamental regular será ministrado em língua portuguesa, assegurada às comunidades indígenas também a utilização de suas línguas maternas e processos próprios de aprendizagem.

Como é possível perceber nas constituições da República brasileira em que o Ensino Religioso está presente, o texto apresenta a característica de ser matrícula facultativa especialmente para o aluno, exatamente pelo fato de que o aspecto religioso é sempre questionável no processo de escolarização deste país. Mesmo sendo considerada disciplina dos horários normais das escolas públicas, é notório que os estados da federação interpretem essa orientação de formas diferenciadas.

Além das constituições, a educação é orientada por legislações próprias, como a Lei Orgânica do Ensino Secundário*, preparada pessoalmente pelo ministro Gustavo Capanema, durante todo o ano de 1941, a qual previu a inclusão da instrução religiosa no currículo do ensino secundário, entre as disciplinas de educação geral:

> A religião terá que ser ensinada em aula e praticada na conformidade de seus mandamentos (confissão, comunhão, missa, exercícios religiosos). A escola entrará aqui em entendimento com a Igreja e a família [...] O ensino religioso não se confunde, entretanto, com a prática, culto ou devoção religiosa. O ensino deve ser instituído pelas escolas [...] reservando-se para ele um certo período do horário semanal. O professor será um sacerdote ou leigo, conforme a maior conveniência do estabelecimento.

Esse texto utilizou como referência a lei espanhola, que incluiu o ensino da religião católica nos sete anos do curso secundário, alicerçando a formação da personalidade num firme fundamento religioso. E, entre as "questões importantes" a serem estudadas por ele em função da Lei Orgânica, o ministro Gustavo Capanema inseriu "a influência da religião" como fator de elevação do poder nacional. Tanto que a versão final da Lei Orgânica do Ensino Secundário levou em consideração essa preocupação e determinou em seu artigo que o ensino de religião constituiria parte integrante da educação da adolescência. Portanto, era lícito aos estabelecimentos de ensino secundário incluí-lo

---

* Para ver na íntegra a Lei Orgânica do Ensino Secundário, de 9 de abril de 1942, acesse: < http://www.soleis.adv.br/leiorganicaensinosecundario.htm >.

nos estudos do primeiro e do segundo ciclos, assim como os programas de religião e seu regime didático, fixados pela autoridade eclesiástica. Essa proposta foi regulamentada poucos dias à promulgação da Lei Orgânica por meio da Portaria Ministerial nº 97, de 22 de abril de 1942: "O ensino de religião será ministrado pelos estabelecimentos de ensino secundário que o adotarem em uma ou duas aulas semanais, que serão incluídas pelos horários entre os trabalhos escolares normais".

A questão do Ensino Religioso foi introduzida a partir das Constituições na LDBEN nº 4.024/1961* e homologou o modelo mais antigo e utilizado do Ensino Religioso em todo o território nacional: o ensino religioso confessional. A disciplina assumiu uma característica de "corpo estranho" no currículo, não apenas por ser facultativa, mas o próprio registro dos docentes competia à autoridade religiosa e não ao sistema de educação, assim como a divisão das turmas segundo credo era outro desafio operacional para o sistema escolar:

> Art. 97. O Ensino Religioso constitui disciplina dos horários normais das escolas oficiais, é de matrícula facultativa e será ministrado sem ônus para os cofres públicos, de acordo com a confissão religiosa do aluno, manifestada por ele, se for capaz, ou pelo seu representante legal ou responsável.
>
> § 1º. A formação de classe para o ensino religioso independe de número mínimo de alunos.
>
> § 2º. O registro dos professores de Ensino Religioso será realizado perante a autoridade religiosa respectiva.

---

* A Lei nº 4.024 foi revogada e substituída pela Lei nº 9.394, de 1996.

Essa perspectiva da confessionalidade ratificou a dependência da escola às autoridades religiosas, mas, ao mesmo tempo, o país expressava a necessidade de reconhecer a diversidade sociocultural de sua população, e não era possível imaginar uma religião hegemônica no país, pois a ânsia de liberdade, tanto no campo individual quanto nacional, envolveu pessoas a se unirem em movimentos e agirem.

2.1 O Ensino Religioso nas leis de educação básica

Os anos de 1960 foram de alternância do poder, sendo que os brasileiros assistiram à queda da democracia e ao início das reformas promovidas pelo Golpe Militar de 1964.

Um dos espaços modificados foi a escola, e um dos exemplos dessa alteração foi a LDBEN promulgada em 1961, mas revisada em duas fases, a segunda em 1971. Para a escola básica foi promovida a reforma da primeira Lei de Diretrizes e Bases para a Educação Básica, na qual o Ensino Religioso foi contemplado por ser compreendido como um elemento que colaboraria na "formação moral" das gerações, portanto foi inserido na Lei nº 5.692/1971: "Art. 7º [...] Parágrafo único. O ensino religioso, de matrícula facultativa, constituirá disciplina dos horários normais dos estabelecimentos oficiais de 1º e 2º graus".

Essa disciplina foi compreendida como um espaço para proporcionar ao aluno as oportunas experiências, informações e reflexões ligadas à dimensão religiosa da vida, para que contribuísse para o cultivo de uma atitude dinâmica de abertura ao sentido radical de sua existência em comunidade, preparando o estudante para uma opção responsável do seu projeto de vida. Em consequência de movimentos como a Escola

Nova no campo da educação e do movimento litúrgico, movimento ecumênico e outros, essa legislação permitiu a organização de um Ensino Religioso que, mesmo com uma leitura cristã, favoreceu um novo passo, não mais apenas a leitura de uma religião, mas o encontro religioso com o Ensino Religioso interconfessional, em uma compreensão mais antropológica e mesmo com aspectos sociológicos de crítica à realidade nacional.

A partir da redemocratização do Brasil, a organização dos movimentos sociais e do fortalecimento da consciência da diversidade cultural, enfim, dessas novas variáveis, a escola assumiu novas perspectivas, influenciando professores, inclusive os do Ensino Religioso. Assim, a presença do Ensino Religioso representava uma temática polêmica, pois a radicalização contrária à disciplina culminou com a primeira versão do art. 33 da então nova LDBEN, em 1996[*]:

Art. 33º [...]
§ 3º O Ensino Religioso, de matrícula facultativa, constitui disciplina dos horários normais das escolas públicas de Educação Básica, sendo oferecido sem ônus para os cofres públicos de acordo com as preferências manifestadas pelos alunos ou por seus responsáveis, em caráter:
I – Confessional, de acordo com a opção religiosa do aluno ou de seu responsável, ministrado por professores ou orientadores religiosos preparados e credenciados pelas respectivas igrejas ou entidades religiosas;
II – interconfessional, resultado de acordo entre as diversas entidades religiosas, que se responsabilizarão pela elaboração do respectivo programa.

---

* Para ver na íntegra a Lei de Diretrizes e Bases da Educação Nacional, de 20 de dezembro de 1996, acesse: <http://www.planalto.gov.br/ccivil_03/leis/L9394.htm>.

Os grandes eixos da Lei nº 9.394/1996 podem ser compreendidos a partir de alguns elementos, como: conceito abrangente de educação, com vinculação ao mundo do trabalho e às diferentes práticas sociais; os padrões mínimos de qualidade do ensino; pluralidade de formas de acesso aos diversos níveis de ensino; avaliação da qualidade do ensino pelo poder público; definição das responsabilidades da União, dos estados, dos municípios em relação ao ensino, entre outros. A presença do Ensino Religioso é considerada como a manutenção da Igreja por parte do Estado, e, sobretudo como uma reedição do "padroado" nos tempos modernos. Como consequência, essa disciplina recebia um tratamento diferenciado, pois seria ministrada "sem ônus para os cofres públicos", termo esse assim descrito nessa lei. Ainda descartava qualquer possibilidade de uma compreensão pedagógica e apoiava uma concepção de catequização e não de uma disciplina escolar.

O Ensino Religioso foi considerado confessional quando ministrado de acordo com a confissão religiosa do aluno ou responsável, portanto professores e orientadores seriam preparados e credenciados pelas respectivas igrejas ou entidades religiosas, enquanto o interconfessional seria ministrado por professores indicados por mais de uma entidade religiosa, após entrarem em acordo entre si, e eles seriam os responsáveis pela elaboração e pelo desenvolvimento do respectivo programa. Os sistemas de ensino deveriam se responsabilizar pelo credenciamento de professores ou orientadores do Ensino Religioso de suas respectivas escolas e, para tal, deveriam atuar de forma articulada com as entidades religiosas.

Quando, em dezembro de 1996, o presidente Fernando Henrique Cardoso assinou a LDBEN, ele solicitou ao então ministro da Educação Paulo Renato de Souza que seria necessária a reavaliação do Ensino

Religioso. Depois de amplas discussões, em meados de 1997, o art. 33 da Lei nº 9.394/1996 foi alterado:

Art. 33. *O Ensino Religioso, de matrícula facultativa, é parte integrante da formação básica do cidadão e constitui disciplina dos horários normais das escolas públicas de Educação Básica, assegurado o respeito à diversidade cultural religiosa do Brasil, vedadas quaisquer formas de proselitismo.*

§ 1º Os sistemas de ensino regulamentarão os procedimentos para a definição dos conteúdos do Ensino Religioso e estabelecerão as normas para a habilitação e admissão dos professores.

§ 2º Os sistemas de ensino ouvirão entidade civil, constituída pelas diferentes denominações religiosas, para a definição dos conteúdos do ensino religioso.

Essa redação prioriza a leitura pedagógica do Ensino Religioso a partir dos princípios nacionais de educação, previstos no art. 3º da LDBEN:

Art. 3º. *O ensino será ministrado com base nos seguintes princípios:*

I – igualdade de condições para o acesso e permanência na escola;

II – liberdade de aprender, ensinar, pesquisar e divulgar a cultura, o pensamento, a arte e o saber;

III – pluralismo de ideias e de concepções pedagógicas;

IV – respeito à liberdade e apreço à tolerância;

V – coexistência de instituições públicas e privadas de ensino;

VI – gratuidade do ensino público em estabelecimentos oficiais;

VII – valorização do profissional da educação escolar;

VIII – gestão democrática do ensino público, na forma desta Lei e da legislação dos sistemas de ensino;

IX – *garantia de padrão de qualidade;*
X – *valorização da experiência extraescolar;*
XI – *vinculação entre a educação escolar, o trabalho e as práticas sociais.*

No ano seguinte, 1998, o CNE publicou as Diretrizes Nacionais do Ensino Fundamental por meio da Resolução nº 2/1998, confirmando o Ensino Religioso como área do conhecimento na formação do cidadão*:

IV – Em todas as escolas deverá ser garantida a igualdade de acesso para alunos a uma base nacional comum, de maneira a legitimar a unidade e a qualidade da ação pedagógica na diversidade nacional. A base comum nacional e sua parte diversificada deverão integrar-se em torno do paradigma curricular, que vise a estabelecer a relação entre a educação fundamental e: a) a vida cidadã através da articulação entre vários dos seus aspectos como: a saúde; a sexualidade; a vida familiar e social; o meio ambiente; o trabalho; a ciência e a tecnologia; a cultura; as linguagens; as áreas de conhecimento: Língua Portuguesa; Língua materna, para populações indígenas e migrantes; Matemática; Ciências; Geografia; História; Língua Estrangeira; Educação Artística; **Educação Religiosa – conforme o artigo 33 da Lei 9.394/96.** [grifo nosso]

Mas o CNE, a partir da Lei nº 9.475/1997 (que dá nova versão ao art. 33 da Lei nº 9.394), emitiu um parecer sobre alguns aspectos operacionais dessa disciplina, assim orientando:

Certamente, à escola caberá decidir se deseja oferecer educação física em cursos que funcionem no horário noturno (artigo 26, § 3º). E, ainda

---

* Para ver na íntegra a Resolução CEB nº 2, de 7 de abril de 1998, acesse: <http://portal.mec.gov.br/cne/arquivos/pdf/rceb02_98.pdf>.

que o faça, ao aluno será facultado optar por não frequentar tais atividades, se esta for a sua vontade. Nunca será demais enfatizar que somente serão computados nas oitocentas horas de que fala a lei, os componentes a que o aluno esteja obrigado, nelas não se incluindo, por exemplo, a educação física nos cursos noturnos e o ensino religioso.

O tema foi retomado no Parecer n° 12/1997, aprovado em outubro. Existia uma preocupação com a insistência de colocar o Ensino Religioso como uma disciplina tratada diferencialmente, o que dificultou a sua implantação.

*Também se tem perguntado se o ensino religioso é computado para a totalização do mínimo de oitocentas horas e a resposta é não. Por um motivo fácil de ser explicado. Carga horária mínima é aquela a que todos os alunos estão obrigados. Desde o art. 210, § 1° da Constituição Federal está definido: 'O ensino religioso **de matrícula facultativa** (grifo do relator), constituirá disciplina dos horários normais das escolas públicas de ensino fundamental.' O art. 33 da Lei n° 9.394/96, com a nova redação que lhe deu a Lei n° 9.475/97, de 22 de julho de 1997, como não poderia deixar de ser, embora regulamentando o dispositivo constitucional mencionado, o faz mantendo facultativa a matrícula. Ora, se o aluno pode optar por frequentar, ou não, a referida disciplina, haverá quem optará por não fazê-lo. E quem assim decidir terá menos de oitocentas horas por ano, na hipótese de a escola se ater ao mínimo exigido por lei, o que art. 24, inciso I, não admite.*

Entretanto, diante dessa situação, a Secretaria Estadual de Educação e do Desporto de Santa Catarina solicitou, em 1998, esclarecimentos sobre o Ensino Religioso dentro das oitocentas horas:

1.1 – solicita maiores esclarecimentos sobre o disposto no item 2.3, do Parecer nº 12/97/CNE, com o qual se orientam os sistemas de ensino e os estabelecimentos de ensino da necessidade de oferecer carga horária própria, além das oitocentas horas (800 horas) anuais, para ministrar o ensino religioso;

1.2 – demonstra que no Estado de Santa Catarina, a opção da família, na Escola Pública, pelo ensino religioso, eleva-se a 75% (setenta e cinco por cento), o que justifica, na opinião do eminente Secretário consulente, manter o ensino religioso no cômputo das 800 horas, e no quadro curricular comum, isto é, aplicado a todos os alunos, oferecendo, entretanto, para aqueles alunos que não optam pelo ensino religioso, nos mesmos horários, outros conteúdos de formação geral, de modo que todos os alunos, sem exceção, alcancem o mínimo de horas-aula anuais, prescritas na LDB. Conclui, finalmente, pela possibilidade de se manter no Estado de Santa Catarina o currículo – (grade curricular e respectivos conteúdos curriculares) – praticado até o momento.

O relator do CNE aprovou a proposta do Secretário de Educação de Santa Catarina apoiando que a situação do Ensino Religioso permanecesse como na origem da situação do sistema de ensino desse estado. Outro aspecto discutido foi a formação do professor de Ensino Religioso. Inicialmente, em março de 1999, a Universidade Luterana do Brasil, de Canoas (RS), solicitou que seus cursos de Teologia e de Diaconia Social fossem reconhecidos como licenciatura para o Ensino Religioso, mas a resposta foi negativa:

Em vista do exposto, voto contra o pleito de reconhecimento dos cursos livres de licenciatura em Teologia e de bacharelado em Diaconia

Social, ministrados pela Universidade Luterana do Brasil, com sede em Canoas – RS, da Comunidade Evangélica Luterana São Paulo. Caso a instituição venha a criar curso de bacharelado em Teologia, poderá solicitar reconhecimento nos termos do Parecer CES/CNE 241/99. O curso de bacharelado em Diaconia Social pode continuar a ser oferecido como curso livre, tendo os alunos direito a um certificado que ateste os estudos realizados. Por oportuno, voto também por esclarecer às instituições interessadas que o Decreto-Lei n° 1.051/69, que permitia, na hipótese de existência de vagas, forma de ingresso privilegiada em cursos de licenciatura para os que houvessem concluído estudos em Seminários Maiores, Faculdades Teológicas ou instituições equivalentes, dispensando-os do antigo exame vestibular e permitindo--lhes prestar apenas exames preliminares, foi revogado pelo art. 92 da Lei 9.394/96, a qual também determina, em seu arts. 43, 49 e 50 que todo o ingresso em cursos superiores de graduação, exceto no caso das transferências ex officio, seja feito mediante processo seletivo prévio.

Em abril de 1999, outro membro do CNE apresentou um parecer sobre formação de professores para o Ensino Religioso nas escolas públicas de ensino fundamental. Nesse voto do parecer, a conselheira reforçou o papel dos sistemas estaduais de ensino de definirem a formação dos docentes para o Ensino Religioso, insistindo que quaisquer professores licenciados das diferentes áreas do conhecimento pudessem assumir essa disciplina.

Ante o anteriormente exposto e considerando: – a enorme diversidade das crenças religiosas da população brasileira, frequentemente contraditórias umas em relação às outras e muitas das quais não estão organizadas nacionalmente; – a liberdade dos diferentes sistemas de ensino em definir os conteúdos de ensino religioso e as normas para a habilitação e admissão dos professores, da qual resultará uma multiplicidade de organização do conteúdo dos cursos; – a consequente impossibilidade de definir diretrizes curriculares nacionais para a formação de professores para o ensino religioso e critérios de avaliação dos cursos que não discriminem, direta ou indiretamente, orientações religiosas de diferentes segmentos da população e contemplem igualmente a diversidade de conteúdos propostos pelos diferentes sistemas de ensino, concluímos que: – Não cabendo à União, determinar, direta ou indiretamente, conteúdos curriculares que orientam a formação religiosa dos professores, o que interferiria tanto na liberdade de crença como nas decisões de estados e municípios referentes à organização dos cursos em seus sistemas de ensino, não lhe compete autorizar, nem reconhecer, nem avaliar cursos de licenciatura em ensino religioso, cujos diplomas tenham validade nacional; – Devendo ser assegurada a pluralidade de orientações, os estabelecimentos de ensino podem organizar cursos livres ou de extensão orientados para o ensino religioso, cujo currículo e orientação religiosa serão estabelecidos pelas próprias instituições, fornecendo aos alunos um certificado que comprove os estudos realizados e a formação recebida; – Competindo aos estados e municípios organizarem e definirem os conteúdos do ensino religioso nos seus sistemas de ensino e as normas para a habilitação e admissão dos professores, deverão ser respeitadas as determinações legais para o exercício do magistério, a saber: – diploma de habilitação para o magistério em nível médio, como condição mínima para a docência nas séries iniciais do ensino fundamental; – preparação pedagógica nos termos da Resolução 02/97 do plenário Conselho Nacional de Educação, para os portadores de diploma de ensino superior que pretendam ministrar ensino religioso em qualquer das séries do ensino fundamental; diploma de licenciatura em qualquer área do conhecimento.

Os desafios apresentados pelo então CNE para o reconhecimento dos cursos de licenciaturas em Ensino Religioso provocou o Fonaper a realizar novas ações com o objetivo de promover a profissionalização dos professores para essa área do conhecimento, a partir de um perfil pedagógico para atuar segundo os pressupostos do ensino fundamental, explicitados na LDBEN de 1996:

Art. 32. O ensino fundamental, com duração mínima de oito anos, obrigatório e gratuito na escola pública, terá por objetivo a formação básica do cidadão, mediante:

I – o desenvolvimento da capacidade de aprender, tendo como meios básicos o pleno domínio da leitura, da escrita e do cálculo;

II – a compreensão do ambiente natural e social, do sistema político, da tecnologia, das artes e dos valores em que se fundamenta a sociedade;

III – o desenvolvimento da capacidade de aprendizagem, tendo em vista a aquisição de conhecimentos e habilidades e a formação de atitudes e valores;

IV – o fortalecimento dos vínculos de família, dos laços de solidariedade humana e de tolerância recíproca em que se assenta a vida social.

É importante ressaltamos que o primeiro parágrafo do art. 33 afirma que compete aos sistemas de ensino regulamentar a operacionalização da disciplina, como conteúdos e admissão de professores. Essa orientação poderá depender de estados e municípios. Dessa forma é fundamental conhecer as regras vinculadas às secretarias municipais e/ou estaduais de educação, para compreender o que é necessário para assumir aulas dessa disciplina ou mesmo para organizar o currículo. As escolas particulares também deverão procurar os sistemas de ensino, pois mesmo o Ensino Religioso constitucionalmente não sendo obrigatório para essas escolas, alguns sistemas de ensino possuem orientação sobre a matéria.

SÍNTESE

A LEITURA DAS DIFERENTES LEGISLAÇÕES no período republicano permite a compreensão dos modelos do Ensino Religioso, assim como o entendimento das correntes que são a favor e contra a presença dessa disciplina no currículo escolar. A história dessa área do conhecimento foi estabelecida a partir de polêmicas envolvendo políticos, eclesiásticos e a sociedade como um todo. Enquanto lideranças religiosas buscam retomar espaços no ambiente das escolas públicas, acadêmicos e políticos questionam a laicidade que deveria estar presente nos ambientes públicos escolares.

Assim, a presença do Ensino Religioso nos currículos escolares foi consequência de negociações para a obtenção do apoio de instituições religiosas a governantes, sem muitas vezes respeitarem as opções pedagógicas das escolas. Quando, em 1997, a disciplina foi orientada a partir dos princípios da educação nacional, a resistência à permanência do Ensino Religioso assumiu duas perspectivas: de autoridades religiosas e de acadêmicos e políticos, o primeiro grupo por seus membros não poderem ensinar religião e o segundo grupo por seus partícipes questionarem o aspecto laico da escola. Mas essa caminhada ainda é longa e desafiadora, especialmente quando assumida por professores que compreendem o papel da leitura religiosa da sociedade para formação da identidade cultural nacional.

Indicação cultural

BRASIL. Secretaria Especial dos Direitos Humanos. *Diversidade religiosa e direitos humanos*. Brasília, DF, 2004. Disponível em: <http://www.gper.com.br>. Acesso em: 13 jun. 2008.

Por meio desse texto produzido pelo Secretário Especial dos Direitos Humanos, será possível compreender o significado da laicidade brasileira e simultaneamente da responsabilidade do Estado em respeitar a diversidade religiosa dos brasileiros. A legislação construída ao longo do período republicano favorece a maturação do discurso dos direitos humanos e da liberdade religiosa nacional. O texto está disponível integralmente para que possa ser socializado em todo território brasileiro.

Atividades de Autoavaliação

Nas questões a seguir, marque (V) para verdadeiro e (F) para falso. Depois assinale a alternativa que expressa a sequência correta.

1 O Ensino Religioso participa do currículo em uma perspectiva pedagógica da escola a partir da seguinte legislação:

( )"Art. 210. Serão fixados conteúdos mínimos para o ensino fundamental, de maneira a assegurar formação básica comum e respeito aos valores culturais e artísticos, nacionais e regionais.

§ 1º O ensino religioso, de matrícula facultativa, constituirá disciplina dos horários normais das escolas públicas de ensino fundamental" (Constituição da República Federativa do Brasil, 1988).

( )"O ensino de religião será ministrado pelos estabelecimentos de ensino secundário que o adotarem em uma ou duas aulas semanais, que serão incluídas pelos horários entre os trabalhos escolares normais" (Portaria Ministerial n° 97, de 22 de abril de 1942).

)"Art. 33. O Ensino Religioso, de matrícula facultativa, é parte integrante da formação básica do cidadão e constitui disciplina dos horários normais das escolas públicas de Educação Básica, assegurado o respeito à diversidade cultural religiosa do Brasil, vedadas quaisquer formas de proselitismo. § 1° – Os sistemas de ensino regulamentarão os procedimentos para a definição dos conteúdos do Ensino Religioso e estabelecerão as normas para a habilitação e admissão dos professores. § 2° – Os sistemas de ensino ouvirão entidade civil, constituída pelas diferentes denominações religiosas, para a definição dos conteúdos do ensino religioso" (Lei n° 9.475, de 22 de julho de 1997).

)"Art. 210. Serão fixados conteúdos mínimos para o ensino fundamental, de maneira a assegurar formação básica comum e respeito aos valores culturais e artísticos, nacionais e regionais. [...] § 2° O ensino fundamental regular será ministrado em língua portuguesa, assegurada às comunidades indígenas também a utilização de suas línguas maternas e processos próprios de aprendizagem" (Constituição da República Federativa do Brasil, 1988).

)"Art. 168. A legislação do ensino adotará os seguintes princípios: [...] V – o ensino religioso constitui disciplina dos horários das escolas oficiais, é de matrícula facultativa e será ministrado de acordo com a confissão religiosa do aluno, manifestada por ele, se for capaz, ou pelo seu representante legal ou responsável." (Constituição dos Estados Unidos do Brasil, 1946).

A) F, V, F, F, F
B) V, V, F, F, F
C) F, F, V, F, F
D) F, V, F, F, V
E) V, F, V, V, V

2 O reconhecimento explicitado de modelos diferenciados para o Ensino Religioso foi possível no seguinte texto legislativo:

( )"Art. 97. O Ensino Religioso constitui disciplina dos horários normais das escolas oficiais, é de matrícula facultativa e será ministrado sem ônus para os cofres públicos, de acordo com a confissão religiosa do aluno, manifestada por ele, se for capaz, ou pelo seu representante legal ou responsável. § 2º O registro dos professores de Ensino Religioso será realizado perante a autoridade religiosa respectiva" (Lei de Diretrizes e Bases da Educação Nacional nº 4.024, de 1961).

( )"Art. 7º. Parágrafo único. O ensino religioso, de matrícula facultativa, constituirá disciplina dos horários normais dos estabelecimentos oficiais de 1º e 2º graus" (Lei nº 5.692, de 1971).

( )"art. 168. A legislação do ensino adotará os seguintes princípios: [...] V – o ensino religioso constitui disciplina dos horários das escolas oficiais, é de matrícula facultativa e será ministrado de acordo com a confissão religiosa do aluno, manifestada por ele, se for capaz, ou pelo seu representante legal ou responsável [...] (Constituição dos Estados Unidos do Brasil, 1946)".

( )"Art. 33. O Ensino Religioso, de matrícula facultativa, constitui disciplina dos horários normais das escolas públicas de Educação Básica, sendo oferecido, sem ônus para os cofres públicos de acordo com as preferências manifestadas pelos alunos ou por seus responsáveis, em caráter: I – confessional, de acordo com a opção religiosa do aluno ou de seu responsável, ministrado por professores ou orientadores religiosos preparados e credenciados pelas respectivas igrejas ou entidades religiosas; II – interconfessional, resultado de acordo entre as diversas entidades religiosas, que se responsabilizarão pela elaboração do respectivo programa [...] (Lei de Diretrizes e Bases da Educação Nacional nº 9.394, de 1996).

( )"Art. 97. O Ensino Religioso constitui disciplina dos horários normais das escolas oficiais, é de matrícula facultativa e será ministrado sem ônus para os cofres públicos, de acordo com a confissão religiosa do aluno, manifestada por ele, se for capaz, ou pelo seu representante legal ou responsável. § 1º A formação de classe para o ensino religioso independe de número mínimo de alunos" (Lei de Diretrizes e Bases da Educação Nacional nº 4.024, de 1961).

A) F, V, F, F, F
B) V, V, V, F, V
C) F, F, V, F, F
D) F, F, F, V, F
E) V, F, V, V, V

3 Os princípios que norteiam uma leitura pedagógica do Ensino Religioso são:

( )"Art. 153. **O ensino religioso será de frequência facultativa e ministrado de acordo com os princípios da confissão** religiosa do aluno, manifestada pelos pais ou responsáveis, e constituirá matéria dos horários nas escolas públicas primárias, secundárias, profissionais e normais [...]." [grifo nosso]

( )"Confissão Religiosa – instituição caracterizada por uma comunidade de indivíduos unidos por um corpo de doutrina, obrigados a um conjunto de normas expressas de conduta a cumprir consigo mesmo e para com os outros, exercidas por forma de cultos, traduzidas em ritos, práticas e deveres para o Ser Supremo."

( )"Art. 3º. O ensino será ministrado com base nos seguintes princípios: I – igualdade de condições para o acesso e permanência na escola; II – liberdade de aprender, ensinar, pesquisar e divulgar a cultura, o pensamento, a arte e o saber; III – pluralismo de ideias e de concepções pedagógicas; IV – respeito à liberdade e apreço à tolerância; V – coexistência de instituições públicas e privadas de ensino; VI – gratuidade do ensino público em estabelecimentos oficiais; VII – valorização do profissional da educação escolar; VIII – gestão democrática do ensino público, na forma desta Lei e da legislação dos sistemas de ensino; IX – garantia de padrão de qualidade; X – valorização da experiência extraescolar; XI – vinculação entre a educação escolar, o trabalho e as práticas sociais.".

( )"Art. 210. Serão fixados conteúdos mínimos para o ensino fundamental, de maneira a assegurar formação básica comum e respeito aos valores culturais e artísticos, nacionais e regionais. § 1º O ensino religioso, de matrícula facultativa, constituirá disciplina dos horários normais das escolas públicas de ensino fundamental."

( )"Art. 168. A educação é direito de todos e será dada no lar e na escola; assegurada a igualdade de oportunidade, deve inspirar-se no princípio da unidade nacional e nos ideais de liberdade e de solidariedade humana. § 1º O ensino será ministrado nos diferentes graus pelos Poderes Públicos. § 2º Respeitadas as disposições legais, o ensino é livre à iniciativa particular, a qual merecerá o amparo técnico e financeiro dos Poderes Públicos, inclusive bolsas de estudo. § 3º A legislação do ensino adotará os seguintes princípios e normas: I – o ensino primário somente será ministrado na língua nacional; II – o ensino dos sete aos quatorze anos è obrigatório para todos e gratuito nos estabelecimentos primários oficiais; III – o ensino oficial ulterior ao primário será, igualmente, gratuito para quantos, demonstrando efetivo aproveitamento, provarem falta ou insuficiência de recursos. Sempre que possível, o Poder Público substituirá o regime de gratuidade pelo de concessão de bolsas de estudo, exigido o posterior reembolso no caso de ensino de grau superior; IV – o ensino religioso, de matrícula facultativa, constituirá disciplina dos horários normais das escolas oficiais de grau primário e médio. V – o provimento dos cargos iniciais e finais das carreiras do magistério de grau médio e superior será feito, sempre, mediante prova de habilitação, consistindo em concurso público de provas e títulos quando se tratar de ensino oficial; VI – é garantida a liberdade de cátedra [...]"

A) F, V, F, F, F
B) V, V, V, F, V
C) F, F, V, F, F

D) F, F, F, V, F

E) V, F, V, V, V

4　O texto sobre a concepção do Ensino Fundamental no art. 32 é importante para orientar o Ensino Religioso no contexto nacional da educação. O artigo afirma que deverá ser concebido a partir da escola, com um objetivo de promover o conhecimento. Dessa forma, são objetivos específicos que identificam o caráter pedagógico do Ensino Religioso:

(　) a formação básica do cidadão, mediante: I – o desenvolvimento da capacidade de aprender, tendo como meios básicos o pleno domínio da leitura, da escrita e do cálculo; II – a compreensão do ambiente natural e social, do sistema político, da tecnologia, das artes e dos valores em que se fundamenta a sociedade; III – o desenvolvimento da capacidade de aprendizagem, tendo em vista a aquisição de conhecimentos e habilidades e a formação de atitudes e valores; IV – o fortalecimento dos vínculos de família, dos laços de solidariedade humana e de tolerância recíproca em que se assenta a vida social.

(　) a formação básica do cidadão, mediante: I – a formação doutrinal dos alunos a partir dos grupo religiosos; II – a inserção dos estudantes nos rituais próprios das igrejas.

(　) a formação básica do indivíduo, mediante: I – a formação doutrinal dos alunos a partir dos grupo religiosos; II – a inserção dos estudantes nos rituais próprios.

(　) a formação básica do fiel, mediante: I – a formação ideológica dos alunos a partir dos grupo religiosos; II – a inserção dos estudantes nos rituais próprios.

( ) a formação básica do fiel, mediante: I – a formação ideológica dos alunos a partir dos grupo religiosos; II – a inserção dos estudantes as teologias próprias.

A) F, V, F, F, F
B) V, F, F, F, F
C) F, F, V, F, F
D) F, F, F, V, F
E) V, F, V, V, V

5 A definição dos conteúdos e a formação dos professores a partir de 1997 com o art. 33 da LDBEN definiu que caberá:

( ) à Federação essas escolhas.
( ) aos municípios as escolhas.
( ) aos sistemas de ensino as escolhas.
( ) às instituições particulares de ensino as escolhas.
( ) às igrejas e aos núcleos filosóficos as escolhas.

A) F, V, F, F, F
B) V, V, V, F, V
C) F, F, V, F, F
D) F, F, F, V, F
E) V, F, V, V, V

Atividades de Aprendizagem

Questão para Reflexão

1. Nelson Mandela afirmou que ninguém nasceu odiando o outro por ser diferente, este sentimento foi apreendido, então ele nos desafia: por que não ensinar a amar? Escolhemos algumas frases que estão

na cartilha "Diversidade religiosa e direitos humanos", da Secretaria Especial de Direitos Humanos, 2004, para provocar o seguinte exercício: a partir de cada frase, escolha duas palavras que lhe parecem mais significativas, formando um total de dez palavras. Em seguida, com essas palavras, organize uma frase que expresse a orientação do art. 33 (Lei n° 9.475/1997), que afirma que é assegurado o respeito à diversidade cultural religiosa do Brasil, vedadas quaisquer formas de proselitismo no Ensino Religioso.

Frases da Cartilha	Palavras
01. "Toda pessoa tem o direito à liberdade de pensamento, consciência e religião; este direito inclui a liberdade de mudar de religião ou crença e a liberdade de manifestar essa religião ou crença, pelo ensino, pela prática, pelo culto e pela observância, isolada ou coletivamente, em público ou em particular." (Art. 18 – Declaração Universal dos Direitos Humanos)	
02. "Ninguém nasce odiando outra pessoa pela cor de sua pele, por sua origem ou ainda por sua religião. Para odiar, as pessoas precisam aprender; e, se podem aprender a odiar, podem ser ensinadas a amar." (Nelson Mandela) "A regra de ouro consiste em sermos amigos do mundo e em considerarmos toda a família humana como uma só família. Quem faz distinção entre os fiéis da própria religião e os de outra, deseduca os membros da sua religião e abre caminho para o abandono, a irreligião." (Mahatma Gandhi)	

(continua)

(conclusão)

03. "Toda crença é respeitável, quando sincera e conducente à prática do bem." (Allan Kardec)	
04. "Se eles se inclinam à Paz, inclina-te tu também a ela e encomenda-te a Deus..." (Maomé)	
05. "Em cada indivíduo, em cada povo, em cada cultura, em cada credo, existe algo que é relevante para os demais, por mais diferentes que sejam entre si. Enquanto cada grupo pretender ser o dono exclusivo da verdade, o ideal da fraternidade universal permanecerá inatingível." (Judaísmo)	

Texto final:

ATIVIDADE APLICADA: PRÁTICA

1 Na cartilha sobre a diversidade religiosa e os direitos humanos encontramos a seguinte história de matriz africana, a qual afirma que no princípio havia uma única verdade no mundo:

Entre o Orun (mundo invisível, espiritual) e o Aiyê (mundo natural) existia um grande espelho. Assim, tudo que estava no Orun se materializava e se mostrava no Aiyê. Ou seja, tudo que estava no mundo espiritual se refletia exatamente no mundo material. Ninguém tinha a menor dúvida em considerar todos os acontecimentos como verdades. E

todo cuidado era pouco para não se quebrar o espelho da Verdade, que ficava bem perto do Orun e bem perto do Aiyê.
Nesse tempo, vivia no Aiyê uma jovem chamava Mahura, que trabalhava muito, ajudando sua mãe. Ela passava dias inteiros a pilar inhame. Um dia, inadvertidamente, perdendo o controle do movimento ritmado que repetia sem parar, a mão do pilão tocou forte no espelho, que se espatifou pelo mundo. Mahura correu desesperada para se desculpar com Olorum (o Deus Supremo). Qual não foi a surpresa da jovem quando encontrou Olorum calmamente deitado à sombra de um iroko (planta sagrada, guardiã dos terreiros). Olorum ouviu as desculpas de Mahura com toda a atenção, e declarou que, devido à quebra do espelho, a partir daquele dia não existiria mais uma verdade única. E concluiu Olorum: 'De hoje em diante, quem encontrar um pedaço de espelho em qualquer parte do mundo já pode saber que está encontrando apenas uma parte da verdade, porque o espelho espelha sempre a imagem do lugar onde ele se encontra'.
Portanto, para seguirmos a vontade do Criador, é preciso, antes de tudo, aceitar que somos todos iguais, apesar de nossas diferenças. E que a Verdade não pertence a ninguém. Há um pedacinho dela em cada lugar, em cada crença, dentro de cada um de nós. (SECRETARIA ESPECIAL DOS DIREITOS HUMANOS, 2004.)

A partir dessa história, entreviste dois diretores de escolas públicas questionando-os sobre o papel da diversidade religiosa na formação dos estudantes. Com as respostas dos gestores, escreva um breve texto relacionando o conteúdo da cartilha da diversidade e o art. 33 da LDBEN.

Três

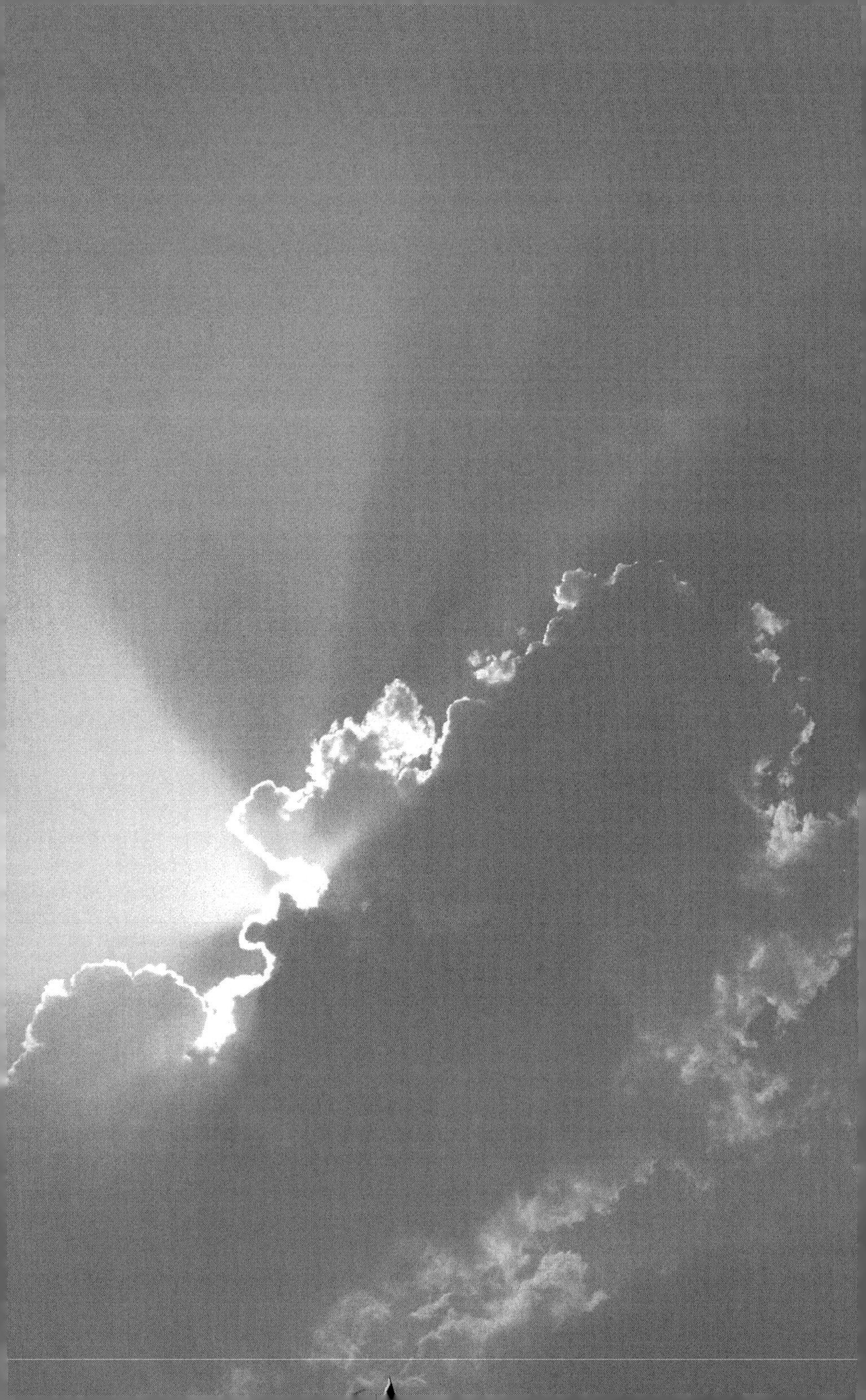

Os modelos do Ensino Religioso no cenário brasileiro

A PRESENÇA DAS AULAS DE religião como componente para formar fiéis a esta ou àquela tradição foi o modelo mais antigo instituído e que ainda se faz presente em diversas escolas no Brasil. Essa concepção, conhecida como **confessional**, foi e é apoiada por diversos líderes religiosos e compreende a suplência do espaço escolar, já que as comunidades não atingem todas as crianças e adolescentes e o fazem com o financiamento do sistema de ensino. Entretanto, por reconhecer a existência de aspectos "comuns", especialmente no campo de valores subsidiados por uma leitura ecumênica, encontramos o modelo **interconfessional**, que busca uma leitura dos fatos da vida a partir de textos cristãos contidos na Bíblia. Esses dois modelos procuram a formação de adeptos às diversas denominações cristãs, utilizando como referência os últimos censos do Instituto Brasileiro de Geografia e Estatística (IBGE), que apresentam um significativo número dessas tradições em território brasileiro. Mas, no art. 5º da Constituição brasileira, afirma-se que:

> VI – *é inviolável a liberdade de consciência e de crença, sendo assegurado o livre exercício dos cultos religiosos e garantida, na forma da lei, a proteção aos locais de culto e a suas liturgias;*
> *[...]*
> VIII – *ninguém será privado de direitos por motivo de crença religiosa ou de convicção filosófica ou política, salvo se as invocar para eximir-se de obrigação legal a todos imposta e recusar-se a cumprir prestação alternativa, fixada em lei.*

É preciso compreender, portanto, que nenhum componente do currículo poderá excluir qualquer outra leitura religiosa, seja da "maioria", seja da "minoria", pois a questão é compreender a identidade pluralista do Brasil. Por esse motivo, a terceira proposição é a de um ensino religioso **fenomenológico**. Além dessas três proposições existem outras derivadas.

Compreender o perfil de cada modelo é verificar os argumentos que os estabeleceram e provocam as disputas, especialmente no campo legislativo.

3.1
MODELO CONFESSIONAL

O MODELO CONFESSIONAL REFERE-SE OBJETIVAMENTE a uma tradição religiosa reconhecida oficialmente pelo Estado. A expressão dessa postura religiosa é observada na definição dos programas da disciplina, nos subsídios didáticos e na formação dos professores. Historicamente, esse modelo nasceu como uma catequese na escola (Schulkatechese) por parte das igrejas da Alemanha, Áustria e Holanda que não possuíam uma organização catequética paroquial, pois esta era toda realizada nas escolas. Entretanto, à medida que foi sendo estabelecida uma distinção entre catequese e o Ensino Religioso, percebeu-se a necessidade de redimensionar a escolarização da disciplina e a acentuação da comunidade no que se refere à catequese.[48]

Compreendendo suas bases na etimologia do verbo *religio*, como *reeligere*, de reescolher, implica a necessidade de alimentar uma "relação" íntima da criatura e do Criador e promover opção ou reopção dentro de uma confissão religiosa, defende-se a catequese como a explicitação doutrinal desta ou daquela tradição religiosa.

Nesse processo, o conhecimento será percebido sob um enfoque teológico, sobretudo por este ser revelado, justificando, assim, a adesão a uma tradição religiosa. É próprio dessas instituições promoverem a dogmatização dos conhecimentos, tanto revelados como humanos. Ao mesmo tempo em que responde à necessidade de segurança para os crentes, esse processo de ensino das crenças tende a conferir-lhes um caráter universal e absoluto.

A nomenclatura da disciplina é uma variante de "aula de religião", que levou o catecismo para o espaço escolar, de modo a indicar o novo perfil para todo o trabalho sobre a religião. O professor é um missionário, responsável por fazer novos fiéis, e a escola é considerada um dos espaços privilegiados, visto que as novas gerações estariam ali obrigatoriamente concentradas. Hoje, ainda temos ressonância disso, quando pais e educadores afirmam que a presença da religião na educação serve como controle moral, ajuda a criança e o adolescente a aprenderem os limites, não permitindo a violência.

O programa curricular está relacionado, em geral, ao temário de um catecismo: sacramentos, elementos fundantes da fé, história sagrada. Diante desses elementos, é notório que o objetivo é consequência da compreensão e da intenção da disciplina. Considerava-se que o ponto central da educação religiosa seria levar o educando a se encontrar com Deus, Nosso Senhor, de maneira a fazê-lo assumir uma mentalidade diversa da dos "pagãos", conduzindo-o a uma postura submissa – atitude de criatura, ou, melhor ainda, de filho para Pai. Isso se faz com vistas a levar o educando a conhecer, amar, sentir e agir em função de Deus. Para tal, seria importante realizar um processo de aperfeiçoamento das capacidades pessoais em função de Deus, Nosso Senhor, tendo como agente principal o próprio educando, pois é ele a razão de ser da catequese, sendo secundário tudo o mais: programa, horário, método, local, material catequético.[38]

3.2
Modelo interconfessional

O SEGUNDO MODELO ARTICULADO NO Brasil a partir da década de 1970 do século XX foi o **interconfessional**, realizado a partir da articulação de diferentes confissões cristãs e, posteriormente, de forma lenta, assumindo as diversas tradições religiosas. Esse modelo considera tudo aquilo que é comum a várias dessas confissões religiosas, também em termos de linguagem, o que não significa reduzir tudo a um denominador comum. O referencial teórico são as ciências humanas; o eixo, a teologia. O texto utilizado em geral é a Bíblia, a partir de uma interpretação que favoreça o diálogo entre as diversas propostas religiosas. O Ensino Religioso interconfessional pressupõe a identidade confessional dos alunos, conhecida e assumida por eles, assumindo, assim, uma perspectiva de manutenção de uma sociedade homogênea. Quando foram iniciadas as primeiras experiências inter-religiosas estabeleceu-se uma proposta de Teologia Comparada, de maneira operacional por meio de um quadro histórico, com breves exposições sobre as concepções religiosas de cada uma das tradições estudadas.

Essa proposta do diálogo entre as tradições cristãs encontrou abrigo na interpretação da Lei n° 5.692/1971 de educação, assim como na concepção de Ensino Religioso da tradição católica romana. Foi desenvolvida a partir de alguns movimentos que contribuíram para o processo explicitado pelo Concílio Vaticano II; entre esses, destacamos: movimento querigmático, movimento antropológico, movimento bíblico, movimento litúrgico e o movimento político-cultural.[45]

3.2.1

MOVIMENTO QUERIGMÁTICO

O MOVIMENTO QUERIGMÁTICO FOI A corrente de renovação doutrinal, iniciada nos anos da Segunda Guerra Mundial, que preconizava uma troca de conteúdo da catequese. Seu grande sucesso foi a mudança da catequese de tipo teológico-dogmático-moral para uma catequese bíblico-litúrgica. É assim que os movimentos bíblico e litúrgico do início do século preparavam também o advento do movimento catequético. Apareceu um método atentamente bíblico na perspectiva da história da salvação, sob a inspiração da teologia querigmática e da teologia personalista. Depois, passou-se para um método mais litúrgico, na perspectiva do ano litúrgico que atualiza e celebra a história da salvação.[41]

A teologia querigmática surgiu por iniciativa principal dos jesuítas de Innsbruck (Áustria – importante centro de estudos teológicos), com a intenção de tornar a teologia mais aderente à psicologia do homem concreto, existencial e à vida complexa de um mundo em transformação. Os defensores desse movimento reprovavam a teologia clássica por ser muito abstrata e intelectualista. Preferiam uma teologia centralizada em Cristo e que atingisse todas as faculdades do homem, como um desejo de tornar as fontes do conteúdo de fé, com vistas a acentuar o núcleo da doutrina cristã de forma mais viva, histórica e orgânica. De fato, o centro é o anúncio do reino de Deus realizado em Jesus Cristo, morto e ressuscitado, salvador e senhor da história.

Em 1936, o jesuíta Joseph Andre Jungmann, professor da Universidade de Innsbruck, constatou o baixo nível de vida cristã de muitas paróquias, em algumas das quais trabalhava periodicamente. Chamou a atenção dos teólogos e pastores com o seu livro *A boa nova e a nossa proclamação da fé* (*Die Fröehbotschaft und unsere Glaubensverkundigung*). Após o Concílio Vaticano II, o autor reformulou e publicou a obra com o título *Glaubensverkundigung im Lichte der Frohbotschaft*. Refletindo sobre a situação pastoral por ele descoberta, concluiu que a pregação cristã não podia ser uma simples vulgarização dos conceitos abstratos dos tratados teológicos de escola, nem o catecismo devia ser um compêndio extraído de um manual de teologia dogmática. Jungmann insistia na distinção entre pregação e teologia.

Se fizermos um balanço poderemos perceber que as melhores aquisições do movimento querigmático foram: suscitar a inquietação e dimensão pastoral da teologia, projetada na vivência pessoal cristã por meio de uma viva pregação. Havia exigência de uma reflexão teológica sobre a natureza interna da pregação na história da salvação. A catequese querigmática caracterizava-se, então, por um amadurecimento da linguagem concreta em fidelidade à mensagem.[2]

Muitos tomam a atualidade como um meio para transmitir uma mensagem que nada tem a ver com a vida concreta dos homens. Eles utilizam a atualidade para pronunciar um discurso sobre Deus, como se a vida dos homens e os problemas angustiantes do mundo não tivessem interesse a não ser para falar de Deus, como se atualidade não fosse, simplesmente, atualidade dos homens que pensam, sofrem e esperam. Então, surgiu uma corrente que enfatiza a necessidade de se partir da realidade atual da vida dos homens para se comprometer com sua libertação e a transformação do mundo.

Nesse sentido, o catequista não deveria partir de conteúdos doutrinais preestabelecidos e nem de uma hierarquia de valores cristãos. O catequista seria o homem comprometido com as situações e necessidade do povo. É o homem do povo, inserido no povo, assumindo historicamente os impasses de sua caminhada. Trata-se, para ele, em primeiro lugar, de uma conversão à realidade, às angústias e às esperanças desse povo sofrido e esmagado da sociedade capitalista.

Durante séculos, de um extremo a outro do mundo, de alto a baixo da escala social, difundia-se a mesma visão do mundo, do homem e de Deus, sistematizada pela teologia e divulgada pelos catecismos e pela pregação. Assim, o missionário formado no Ocidente podia ir aos confins do mundo e dirigir-se às crianças, jovens e adultos, falando sempre a mesma linguagem, executando os mesmos ritos e julgando da mesma maneira. Quer se tratasse do catecismo ou de outras obras eruditas do período entre os séculos XVI e XIX, as palavras eram as mesmas e a linguagem, idêntica. E não somente as palavras, mas também o conjunto estrutural a que pertenciam. O quadro de referência era formulado de maneira idêntica para o teólogo, para o catequista e para o simples fiel.

No que diz respeito à catequese, nesses últimos 50 anos, assistimos a uma evolução radical no tocante à linguagem. Às palavras usadas durante séculos (revelação, tradição, doutrina, magistério) vêm se juntar outras, tais como: relação, comunhão, acontecimento, cultura, grupo, comunidade, busca, caminhada, experiência, conversão, testemunho, valores, ambiente, mentalidade, aliança, promoção, libertação, política, angústias, povo, conscientização, compromisso, comprometer-se, transformação, realidade, impasses. Todas elas formam numerosas expressões usadas na catequese de hoje.[2]

A renovação da catequese foi iniciada pela Alemanha com os catecismos com a preocupação com métodos que favoreceram, por exemplo, a aproximação da Bíblia com a catequese de caráter pastoral e missionário, que visava a um cristianismo vivo e superava uma perspectiva conteúdista e de simples memorização. Outra proposta foi preocupar-se com aspectos antropológicos e considerar a psicologia para orientar a organização dos conteúdos. Esse processo ocorreu entre os séculos XVIII e XX, sendo referência para vários países.

O Papa Paulo VI várias vezes reafirmou a linha do Concílio Vaticano II, e, sem dúvida, convém evitar toda ingenuidade nesse sentido. A linguagem tem um papel decisivo, por isso é necessário precaver-se de todo nominalismo e é indispensável e mesmo necessário examinar sua exatidão. Contudo, convém não esquecer que ela permanece sempre na mediação e como tal é relativa e flexível.

A transformação do vocabulário levou também a uma evolução na compreensão da catequese. Assim, passou-se de "ensinar a doutrina" para "transmitir a mensagem"; de "educação da fé" para "comunicação da fé"; de "comunicação da fé" para "proposição da fé". O catequista passou a ser encarado como pedagogo, mestre, testemunha, animador. E parece insistir-se menos no aspecto de sua competência pedagógica do que em sua qualidade de personalidade, atitude subjetiva, vivência e posições ideológicas. Finalmente, os objetivos da formação catequética são apresentados em termos de passagem, conversão, experiência, busca e caminhada. Essas expressões não é totalmente equivalente às antigas. Elas mostram maneiras diferentes de colocar o acento no agir catequético. E certamente vai ter incidência na pedagogia e no conteúdo da catequese.[38]

O conteúdo é um dos problemas atuais da catequese e consequentemente para a educação religiosa. Muitos reclamam que a catequese renovada e a própria educação religiosa não têm conteúdo. Falam em pobreza doutrinal, cristianismo reduzido ao naturalismo e ao puro humanismo, perda do sentido religioso, catequese ideológica, etc. A hierarquia, por sua vez, preocupa-se com a fidelidade da fé às suas fontes e às suas normas e também com sua universalidade. Portanto, unidade, ortodoxia e totalidade da fé são preocupações da sagrada hierarquia.

A Igreja e sua doutrina dão o sentido último a todas as coisas, impondo-lhes normas de ação. Ela se institucionalizou, ou seja, tornou-se a instituição sobre todas as instituições. Nesse modelo, o domínio da ação estava definido pela Igreja, o padre sabia o que devia fazer e era fácil identificar o cristão. O conteúdo da catequese correspondia perfeitamente à situação global. Visava à preparação da criança e do jovem para um mundo estável, no qual os mesmos valores eram recebidos e vividos por todos. Desse modo, a Igreja transmitia a revelação a uma sociedade que se identifica com ela. Foi nesse modelo que a Igreja chegou a elaborar seu catecismo universal de perguntas e respostas. No caso de dúvida, bastava recorrer a ele ou ao padre, cuja autoridade era suficiente para tudo resolver. Havia uma correspondência mútua entre o tipo de sociedade e o tipo de ensino ministrado. Sociedade e pedagogia dependiam de uma mesma visão do homem, do mundo e de Deus. Esse modelo já caducou, mas não faltam tentativas de um retorno a ele.[41]

A sociedade ultrapassa a Igreja, e esta não é mais que um edifício entre muitos outros no meio social. O espaço geográfico e o espaço religioso não coincidem mais, pois o espaço não é somente geográfico, ele é psicológico e social. Em zonas inteiras do homem e do mundo, a Igreja não ocupa mais lugar. Essa etapa de terreno foi dolorosa para a Igreja. Ela que estava acostumada a dominar. Muitos eclesiásticos, cheios de amarguras, não querem ainda aceitar essa realidade e teimam em continuar no antigo modelo.

A realidade do polo autônomo impõe-se indubitavelmente. Num primeiro momento, um pouco aturdido, a Igreja tentou movimentar-se em direção a outro polo, para **recristianizá-lo**, para **reconquistá-lo para Deus**, para dar-lhe alma, a alma cristã. É significativo o aparecimento de todo o vocabulário mencionado anteriormente. Houve um movimento missionário para implantar a Igreja para além de suas fronteiras, tentando recristianizar todos os valores do mundo.

3.2.2

Movimento antropológico

Esses questionamentos foram frutos de um processo de renovação teológica, ocorrido no final do século XIX, com uma síntese cada vez mais orgânica dos dados revelados, uma sistematização a partir do Cristo total e do mistério de Cristo, tendo presente o caráter salvífico da doutrina, com uma apresentação mais histórica e bíblica da revelação, pois o conhecimento dos fatos históricos baseados nos textos bíblicos passou a ser o primeiro trabalho da catequese, com o acento cristocêntrico.

Para tanto houve contribuição o movimento antropológico, com a interferência de vários fatores. A corrente da renovação das ideias da pedagogia ativa e da Escola Nova fez entrar no catecismo, ao lado dos direitos da verdade, os direitos da pessoa. Isso forçou os catequistas a uma pedagogia ativa e progressiva. Destacamos principalmente Dewey, Montessori, Decroly, Claparède, Ferrier, que, com a ajuda da psicologia, foram renovando os métodos pedagógicos, mais tarde também enriquecidos pelas contribuições de Piaget, Célestin Freinet e outros. Muitos textos e métodos pedagógicos foram influenciados pela renovação pedagógica, principalmente no período de 1940 a 1960, mas, sobretudo, pelo chamado *método de Munique*, organizado nas seguintes etapas: preparação, apresentação, explicação, resumo e aplicação. Esse método foi propagado por Anton Weber, Heinrch Stieglitz, Joseph Goettler e Andreas Seidl.

3.2.3
MOVIMENTO BÍBLICO E MOVIMENTO LITÚRGICO

NA CORRENTE DA RENOVAÇÃO DOUTRINARIA, no correr do século XX, pouco a pouco os leigos começam a assumir a catequese, mudando também a sua linguagem. A preocupação com a doutrina perdeu sua importância e a experiência de vida recebeu nova atenção. Duas contribuições se destacaram: a do movimento bíblico e a do movimento litúrgico, de modo que a catequese mudou do tipo teológico-dogmático-moral para uma catequese bíblico-litúrgica, na chamada catequese querigmático. Os grandes nomes dessa renovação foram: Romano Guardini, Franz Xaver Arnold, Pius Parsch, Ludwig Volker e Josef A. Jungmann na época da Segunda Guerra Mundial.

A corrente das ciências humanas se fortaleceu com o Concílio Vaticano II, que levou a sério o que as ciências humanas nos revelam sobre nosso mundo e valores. História, psicologia, antropologia, sociologia, linguística, ciência da comunicação tiveram direito de cidadania na atividade pastoral da Igreja. Essas ciências trouxeram uma nova luz, mas também uma série de questionamentos.

A corrente do compromisso histórico se fortaleceu principalmente nos últimos decênios, tanto na Europa quando na América Latina, diante da constatação dos gravíssimos problemas evidentes no mundo. Essa corrente enfatizou a análise da realidade e o confronto com os dados revelados para optar claramente por uma engajada atuação em prol da libertação integral do homem.

Assistimos à redescoberta do método indutivo, método fundado sobre o pressuposto filosófico aristotélico-tomista, que encontrou eco em todo o processo de renovação psicopedagógica, do concreto para a reflexão, para a fundamentação teológica. Outra consequência de todo esse processo de renovação foi a prospectiva aberta pelos métodos ativos, sob o influxo da Escola Nova, que busca possibilitar uma compreensão dos conceitos religiosos, a fim de que o indivíduo possa viver de forma amadurecida sua opção de fé. Outra corrente é, sem dúvida, o método cíclico-progressivo, que procura respeitar as possibilidades psicológicas dos indivíduos que sofrem o processo de educação. Apresentando o conteúdo de forma progressiva, esses modelos foram estruturados em algumas propostas metodológicas que influenciaram a catequese e a educação escolar.

No processo de pedagogização da catequese e do ensino da religião na Escola, houve uma grande busca de elementos que orientassem o trabalho do catequista e do professor. Entretanto, muitas vezes, pela falta de compreensão do processo de estrutura metodológica, realizam-se um ecletismo de estratégias que nem sempre atingiam os objetivos propostos. Com essa perspectiva pedagógica ocorreu a valorização do homem, pelo método da correlação, representado pelo trabalho dos teólogos Karl Barth (1886-1968) e Rudolf Karl Bultmann (1884-1976) e, sobretudo, de Paul Tillich (1886-1965), os quais propõem a relação entre a pergunta humana e a resposta divina.

3.2.4
MOVIMENTO POLÍTICO-CULTURAL

O MOVIMENTO POLÍTICO-CULTURAL INTERFERIU NAS mudanças para o Ensino Religioso e considera o contexto sociopolítico e a educação libertadora proposta pela Conferência Latino-Americana dos Bispos, que ocorreu na cidade de Medelllin, na Colômbia, em 1968.

Outra característica é a de que a catequese permanente, recomendada pelo Diretório Catequético Geral e pelo Congresso Catequético de Roma, encontrou acolhida na Assembleia dos Bispos (Sínodo), realizado em fins de 1971. Essas ideias passaram a ser referência para a Igreja Católica e outras igrejas cristãs que compreenderam orientar a educação a partir de ações que despertassem a justiça, que ensinassem os homens a levarem uma vida que atenda à realidade interior. Tais ações pretendiam ainda inculcar "um modo verdadeiro e totalmente humano de viver, na justiça, na caridade e na simplicidade", além de despertar a faculdade criativa e avivar a consciência do homem para que este reconheça a situação concreta, sinta-se impulsionado a transformar o mundo e que se torne, enfim, capaz de conduzir os próprios destinos e de construir comunidades verdadeiramente humanas. Nessa perspectiva a educação é também prática, porque é feita pela ação e pela participação, bem como pelo contato vital com as mesmas situações de injustiça.

Toda essa reflexão objetiva contribuir na relação do ser humano com a sociedade, o qual se encontra diante de um significativo pluralismo religioso, um forte movimento de alteração social, exigindo um novo tipo de interação dos cristãos com o espaço que ocupam.

No cenário internacional, o modelo interconfessional é compreendido e em algumas regiões é visto como um grande avanço, pois ainda se encontra com uma proposta confessional, mas a realidade dos estudantes e seus questionamentos conduzem a uma revisão de postura.

O modelo interconfessional foi muito importante como um dos passos para repensar o Ensino Religioso, mas se verifica que a identidade deste último passa, com força, pela educação e pela construção da cidadania, conhecendo a história e a cultura. Portanto, cabe à escola, como instituição social, oferecer instrumentos que promovam a compreensão e interpretação da realidade da qual o estudante participa assim como elementos que o auxiliem a afrontar os problemas existenciais. Considerando que o fenômeno religioso é um fato humano, portanto pertencente à cultura, deve ser por isso apresentado ao sistema escolar, pois este é um espaço de integração, para favorecer não somente o desenvolvimento do estudante, mas de toda a sociedade em que ele está inserido.[45]

3.3
MODELO FENOMENOLÓGICO

O TERCEIRO MODELO ARTICULADO, ESTRUTURADO a partir da organização e da publicação dos Parâmetros Curriculares Nacionais do Ensino Religioso pelo Fonaper, é o **fenomenológico**, cujo ponto de partida é o fenômeno religioso presente na sociedade, como a abertura do homem para o sentido fundamental de sua existência, seja qual for o modo como é percebido esse sentido. Tal estudo tem como referencial todas as ciências humanas conjugadas com a fenomenologia religiosa e a antropologia religiosa, dentre outras. Esse modelo compreende o

Ensino Religioso como um componente curricular que contribui para a formação do cidadão, que, vivendo em uma sociedade pluralista, necessita saber dialogar nela e com ela.

Diante desse quadro, é importante retomar a formação desses modelos, especialmente a partir de 1997, com a revisão do art. 33 da LDBEN, em que foi estabelecida uma nova concepção para o Ensino Religioso: o seu foco deixou de ser teológico para assumir um perfil pedagógico de releitura das questões religiosas da sociedade.

Esse estudo contribui para responder a uma questão: Por que há a dificuldade de passagem de uma concepção a outra? Uma hipótese é a do desconhecimento do modelo em que atua, e, dessa forma, qualquer nova proposta é justaposta e não elaborada. Por esse motivo é que se torna interessante ao menos procurar explicitar elementos que poderiam permitir estabelecer as bases do denominado modelo interconfessional cristão utilizado no Brasil, a partir do princípio dos anos de 1970 e vigente neste século.

A nova forma de relacionar-se com a sociedade favoreceu o diálogo entre as tradições religiosas e, no Brasil, de maneira especial, gerou um acolhimento em vista dos graves problemas sociais enfrentados por este imenso país. O diálogo, entre membros de diferentes tradições religiosas aumenta e aprofunda o respeito recíproco e abre o caminho para relações que são fundamentais na solução dos problemas do sofrimento humano. O diálogo que implica respeito e abertura às opiniões dos outros, pode promover a união e o empenho nessa nobre causa. Além disso, a experiência do diálogo dá um sentimento de solidariedade e coragem para superar as barreiras e as dificuldades na tarefa de edificar a nação, posto que, sem o diálogo, as barreiras do preconceito, das suspeitas e da incompreensão não podem de modo eficaz ser removidas. Com o diálogo, cada uma das partes efetua uma honesta tentativa de se ocupar dos comuns problemas da vida e recebe coragem para aceitar o desafio de procurar a verdade e de conquistar o bem. A experiência do sofrimento, do revés, da desilusão e do conflito transforma-se, de sinais de fracasso e de destruição, em ocasiões de progresso na amizade e na confiança.

Com certeza, a partir do trabalho desenvolvido nacionalmente pelo Fonaper, assim como de diversos professores e especialistas, foi possível articular uma proposta pedagógica para o Ensino Religioso, com vistas a torná-lo ou ao menos que se aproximasse mais de um componente curricular. Não faltarão os debates e embates, assim como prosseguem as pesquisas e experiências na perspectiva de responder às diversas lacunas ainda existentes.

Sendo o principal instrumento que explicita essa escolarização, os PCN do Ensino Religioso (1996) ainda não foi oficialmente reconhecido pelo Ministério de Educação e do Desporto. Contudo, oficiosamente, as secretarias estaduais de educação referem-se ao documento para orientar reuniões, programas e a formação docente, também porque esse foi o referencial para a alteração do art. 33 da LDBEN.[38]

SÍNTESE

O ENSINO RELIGIOSO, AO LONGO de sua história, construiu, como veremos no Quadro 1 a seguir, uma identidade, como os demais componentes curriculares, e passou por formatações dentro dos diferentes contextos históricos.

Quadro 1 – Modelos do Ensino Religioso

	Confessional	Interconfessional	Fenomenológico
Concepção de religião	Religar: opção, adesão	Religar: opção, adesão	Releitura: compreensão do religioso na comunidade
Identidade da disciplina	Aula de Religião	Formação cristã – formação religiosa	Cultura religiosa
Conhecimento	Teológico	Antropológico	Sociológico, filosófico e antropológico
Informações	Informações explícitas sobre a tradição religiosa: credo, mandamentos, oração, sacramentos	Informações no campo antropológico – bíblico: amizade, eu, outro, natureza, textos bíblicos, com ênfase ao estudo de valores	Informações no campo sociológico – fenomenológico: tradições & cultura, teologias, textos orais e escritos sagrados, ethos, ritos
Professor	Um missionário	Um agente mobilizador	Um docente
Aluno	Um fiel a ser evangelizado	Alguém que precisa discutir questões existenciais	Estudo de questões de conhecimento

Indicação cultural

Baraka: um mundo além das palavras. Direção: Ron Fricke. Produção: Mark Magidson. EUA: Versátil, 1992. 96 min.

O diretor desse filme proporciona a complexa leitura da religiosidade existente em nosso planeta, seja por meio das diferentes pessoas, seja na expressão das tradições religiosas, dos locais, símbolos, ritos e sons. Saber olhar essas imagens e compreender o modelo proposto para a releitura religiosa na sociedade é fundamental para fazer acontecer o Ensino Religioso no cotidiano da sala de aula e saber enxergar essas manifestações.

Atividades de Autoavaliação

Para as atividades que seguem, marque (V) para as proposições verdadeiras e (F) para as falsas. Depois assinale a alternativa que traz a sequência correta.

1 As igrejas cristãs utilizam seus espaços de comunidade para ensinar suas respectivas doutrinas, suas formas de celebrar e suas respectivas regras de comportamento. Esse modelo foi transposto para a escola como um modo de suplência. Simultaneamente, essas comunidades assumiram práticas escolares como provas de doutrina, revistas, livros didáticos. Portanto:

( ) verificamos a paroquialização das escolas e a escolarização das paróquias.

( ) verificamos que as escolas confirmaram sua identidade pedagógica ao colaborar para suplência das comunidades religiosas e as paróquias/comunidades puderam contribui mais com os fiéis.

( ) verificamos que, em um Estado laico, as escolas públicas passaram a subsidiar, com recursos de toda a população, o privilégio de algumas tradições religiosas por terem pelo censo demográfico, que a maioria pode utilizar os recursos para realizar a suplência de suas ações.

( ) verificamos que, em um Estado religioso, as escolas públicas passaram a subsidiar, com recursos de toda a população, o privilégio de algumas tradições filosóficas, por terem comprovado, pelo censo demográfico comprovado de que como maioria pode utilizar dos recursos para realizar a suplência de suas ações.

( ) verificamos que, em um Estado exotérico, as escolas públicas passaram a subsidiar, com recursos de toda a população, o privilégio de algumas tradições filosóficas, por terem comprovado pelo censo demográfico, que como maioria pode utilizar os recursos para realizar a suplência de suas ações.

A) V, F, V, F, F
B) F, V, F, V, F
C) V, F, F, F, F
D) V, V, F, V, V

2 Os modelos confessional e interconfessional adotaram como perspectiva:

( ) o conhecimento teológico e a ação dos professores como missionários para a divulgação de suas, crenças assumindo estratégias criativas e envolvendo os estudantes para que aderissem à fé professada.

( ) o conhecimento teológico por meio de informações explícitas de tradições religiosas, ensinando um forma de como orientar-se na crença proposta por meio de valores indicados por seus líderes.

( ) o conhecimento teológico, que foi redirecionado na perspectiva das ciências que procuram compreender o fenômeno religioso na sociedade, para que os estudantes tivessem a possibilidade de conviver com a diversidade nacional.

( ) o conhecimento teológico, por meio de informações implícitas de tradições filosóficas, ensinando um forma de como doutrinar na crença proposta por meio de valores indicados por seus líderes.

( ) o conhecimento teológico, por meio de informações implícitas de tradições exotérica, ensinando um forma de como doutrinar na crença proposta por meio de valores mediúnicos por seus líderes.

A) V, F, V, F, F
B) F, V, F, V, F
C) V, V, F, F, F
D) V, V, F, V, V

3 O modelo fenomenológico, proposto pelos PCN e elaborado pelo Fonaper, compreende:

( ) que a religião é parte de um fenômeno presente nos indivíduos e na sociedade, e, por meio dela, é possível compreender escolhas políticas, econômicas que ocorreram e ocorrem na história. Por esse motivo, é importante saber ler os fatos também na perspectiva religiosa das pessoas e das diferentes comunidades.

( ) que a religião é parte do conhecimento humano e diversas ciências desenvolvem estudos relacionados a ela e influenciam em gestos humanitários, assim como justificam exclusões e mesmo a morte dos indivíduos. Não é possível compreender, por exemplo, a cultura afro-brasileira sem verificar o papel da religiosidade na sustentação desses homens e mulheres na história brasileira, pois por meio de seus cultos, superaram situações injustas e desumanas, apoiadas por princípios econômicos, políticos e religiosos. O Ensino Religioso, ao propor o estudo na perspectiva do modelo fenomenológico, corrobora para que crianças e adolescentes compreendam a identidade cultural do Brasil.

( ) que a religião deverá ser apresentada a partir de uma dada perspectiva, e que cada grupo religioso, ao ensinar sua proposta, permita a leitura ilustrativa das demais como sinal de uma pluralidade confessional.

( ) que a religião deverá ser apresentada por várias perspectivas, e que cada grupo filosófico, ao ensinar sua proposta, não permite a leitura ilustrativa das demais como sinal de uma pluralidade confessional.

( ) que a filosofia deverá ser apresentada a partir de uma dada perspectiva, e que cada grupo exotérico, ao ensinar sua proposta, permite a leitura ilustrativa das demais como sinal de uma unidade filosófica.

A) V, V, V, F, F
B) F, V, F, V, F
C) V, V, F, F, F
D) V, V, F, V, V

4 O Ensino Religioso é uma disciplina polêmica nos diversos segmentos da sociedade, como político, das autoridades religiosas, nas universidades, das famílias, porque:

( ) a escola realiza com tranquilidade a reflexão sobre a diversidade cultural-religiosa do país, e essa disciplina já não é mais necessária.

( ) existem diversas correntes que retomam a prática do padroado com novas formas e rostos, causando frequentes desconfortos entre governantes, sociedade organizada e tradições religiosas, o que repercute nas escolas.

( ) porque a comunidade realiza a orientação religiosa propondo o corpo doutrinal que será disseminado de forma missionária compreendendo a escola como espaço privilegiado dessa ação.

( ) porque a comunidade realiza a orientação exotérica propondo o corpo doutrinal que será disseminado de forma missionária, compreendendo a escola como espaço privilegiado dessa ação.

( ) permanece o impasse da compreensão do Brasil ser um país **laico** e as consequências dessa característica.

A) F, V, V, F, F
B) F, V, F, V, V
C) V, V, F, F, F
D) F, F, F, F, V

5 O professor de Ensino Religioso no modelo fenomenológico é:

( ) um missionário
( ) um agente mobilizador
( ) um docente
( ) um sacerdote
( ) um líder comunitário

A) F, V, V, F, F
B) F, V, V, F, F
C) F, F, V, F, F
D) V, V, F, V, V

Atividades de Aprendizagem

Questões para Reflexão

A RELIGIÃO É UM FATOR presente nos diferentes momentos da história. Muitos fatos importantes foram justificados a partir de grupos religiosos. Na França, por exemplo, Joana D'Arc liderou seu país contra os ingleses, motivada pelo apelo que a transcendia. O monge Martin Lutero indicou que existiam abusos na relação Igreja e povo. No Brasil, durante a presença holandesa no Nordeste, foi permitida a presença e a ação da comunidade judaica, tanto que temos em Recife a primeira sinagoga do país.

Muitas vezes, os estudantes não compreendem o movimento da construção da identidade cultural, por desconhecerem aspectos da vida religiosa de um povo, ou não aceitam práticas de suas próprias comunidades, por desconhecerem as motivações e evoluções dessas tradições. Esquecem que um dos papéis da escola é contribuir para a leitura, ou mesmo releitura da sociedade, para dela participarem.

Para aprofundarmos esse aspecto, em que essa disciplina está continuamente sendo objeto de polêmicas, propomos o aprofundamento de dois temas:

1. O primeiro é sobre fatos religiosos e consequências que marcaram, desde o início, o século XXI, como os ataques terroristas em diversas

regiões do planeta. Lembre-se de que discutir cada fato observando apenas o lado "fragilizado" não nos permite alcançar, verdadeiramente, suas causas e como elas atuam sobre as consequências.

2 Outro tema importante é a identificação de pequenos gestos do cotidiano, sustentados pelos discursos religiosos que amenizam a vida de inúmeros indivíduos e comunidades, como a presença dos fiéis em ações sociais (que geram a organização e o atendimento a diferentes necessidades) e a presença de religiosos junto a comunidades carentes, os quais doam não apenas alimentos e roupas, como também o seu tempo. Como compreender esse envolvimento, visando a uma nova forma de sociedade?

Inicialmente escolha um dos dois temas e, em seguida, procure elaborar um texto explorando a relação deste tema (e do enfoque proposto a partir dele) com o papel do Ensino Religioso na escola.

Atividade Aplicada: Prática

1 Selecione quatro reportagens de jornal ou revista de sua região que expressem a relação do universo religioso com o cotidiano social. Em seguida, elabore um texto expressando a relação entre as reportagens e procure formular uma aula de Ensino Religioso com esse material. Nesse plano de aula, explicite o(s) objetivo(s), as atividades e a avaliação. Indique para que ano escolar é proposta essa aula. Com essa ação, procure verificar sua sensibilidade para enxergar, no cotidiano e na história, os elementos para o Ensino Religioso no enfoque da reverência à diversidade.

Quatro

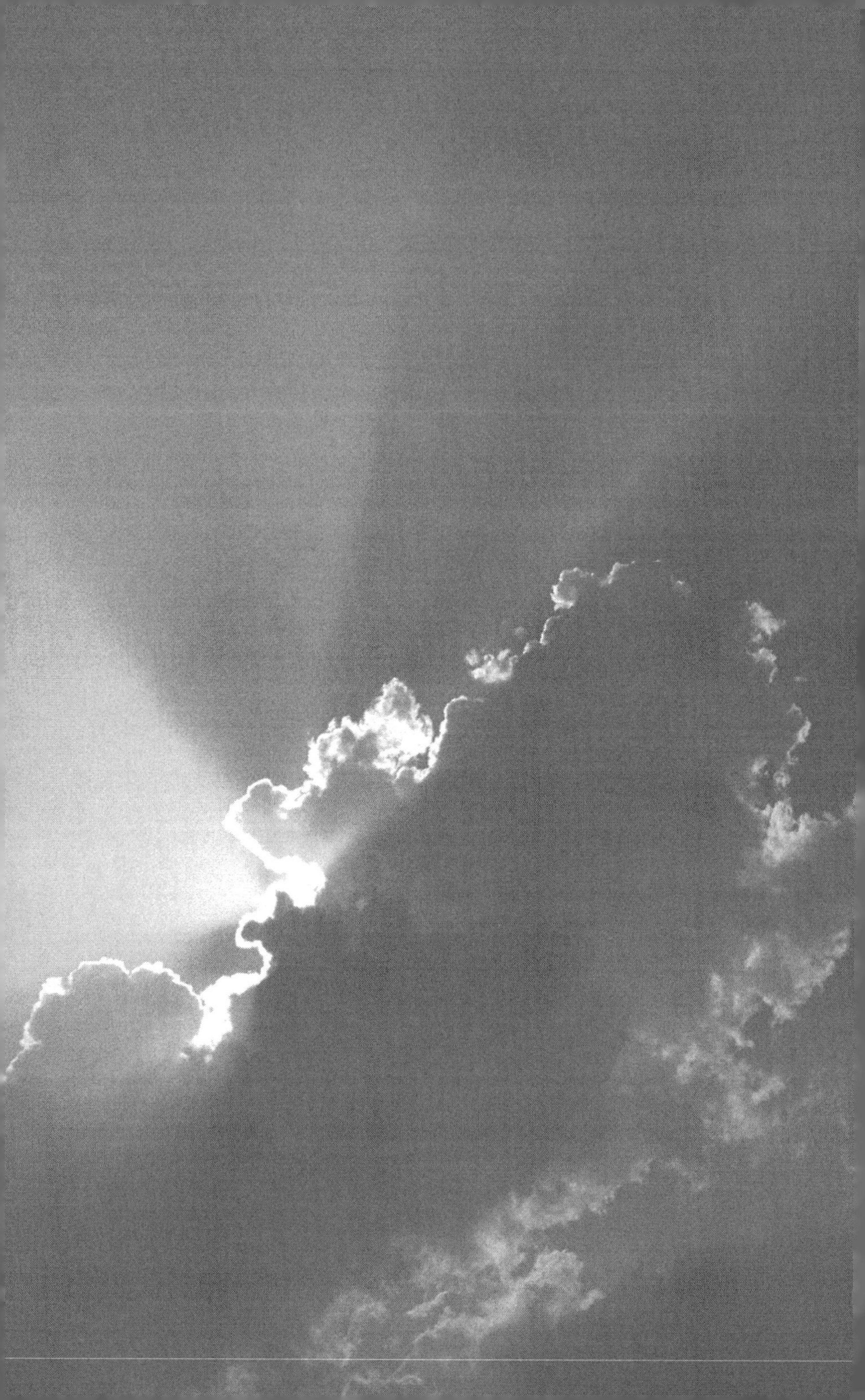

UMA NOVA LEITURA
DO ENSINO RELIGIOSO

O LÍDER SUL-AFRICANO NELSON MANDELA, ao insisitir na educação como forma de superar o preconceito, ilustra a valorização da diversidade nos currículos das escolas.

O art. 3º da Lei nº 9.394/1996, que orienta a educação nacional, afirma que entre os princípios do ensino estão: a igualdade de condições para o acesso e a permanência na escola; a liberdade de aprender, ensinar, pesquisar e divulgar a cultura, o pensamento, a arte e o saber; o pluralismo de ideias e de concepções pedagógicas; o respeito à liberdade e o apreço à tolerância; a valorização da experiência extraescolar; entre outros. Nesse contexto, encontra-se a proposição da concepção para a identidade pedagógica do Ensino Religioso, expressa na redação do art. 33 da LDBEN, o qual propõe que essa disciplina seja parte integrante da formação básica do cidadão, com lugar nos horários normais das escolas públicas de ensino fundamental. Assegura-se, assim, o respeito à diversidade cultural religiosa do Brasil e são vedadas quaisquer formas de proselitismo, pois a educação básica brasileira se propõe a desenvolver o educando, assegurar-lhe a formação comum indispensável para o exercício da cidadania e fornecer-lhe meios para progredir no trabalho e em estudos posteriores (art. 22 da Lei nº 9.394/1996). Essa é uma nova leitura para o Ensino Religioso em terras brasileiras.

4.1
IDENTIDADE E DIVERSIDADE

EM NOSSO COTIDIANO, EDUCAMOS E somos educados, e em todas as fases de nossa vida, participamos da educação. Esse é um contínuo processo que perpassa os diferentes espaços que ocupamos, e seu objetivo é contribuir para o desenvolvimento integral do cidadão.

Essa concepção é garantida pela Constituição do Brasil:

Art. 205. *A educação, direito de todos e dever do Estado e da família, será promovida e incentivada com a colaboração da sociedade, visando ao pleno desenvolvimento da pessoa, seu preparo para o exercício da cidadania e sua qualificação para o trabalho.*[50]

Outro aspecto importante na formação do cidadão é a possibilidade de todos terem acesso à cultura, elemento significativo para a identidade nacional. Assim, educação e cultura formam um binômio que favorece a identidade nacional do brasileiro, assegurada também na Constituição: "Art. 215. O Estado garantirá a todos o pleno exercício dos direitos culturais e acesso às fontes da cultura nacional, e apoiará e incentivará a valorização e a difusão das manifestações culturais".

Em vista disso, notamos que a escola é um dos espaços privilegiados na sociedade para que a educação e a cultura sejam apreendidas. Do mesmo modo, a experiência do coletivo, articulado a partir de princípios definidos por políticas públicas que orientam o processo de escolarização, contribui para a leitura do espaço que ocupamos e da história que construímos, para que, como cidadãos, possamos nela intervir.

Desse modo, as informações tornam-se cada vez mais sistematizadas e socializadas, a ponto de nos perdermos diante de tantos livros e *links*, visto que a internet concretiza o desejo de tantos pesquisadores, e caracteriza-se como um espaço em que podemos encontrar todos os pontos de vistas, desde a mais recente pesquisa até os clássicos das diferentes áreas do conhecimento. Nesse contexto é que o ser humano se depara com condições e meios de resistência, o que possibilita criar estratégias de comunicação e linguagens diferentes, inventando e aprimorando tecnologias, fazendo brotar as mais variadas formas de conhecimento, já que é um agente transformador e não submisso inteiramente às forças da natureza, mas capaz de ampliar os limites que ela lhe impõe.

Para melhor articular os saberes escolarizados, a Constituição brasileira estabeleceu que para o ensino fundamental fossem fixados conteúdos mínimos que assegurem a formação básica e comum do cidadão brasileiro, de modo a serem respeitados os valores culturais e artísticos, nacionais e regionais (art. 210). Nesse cenário encontra-se o Ensino Religioso vinculado à escola e à cultura nacional.

O desafio imposto pela sociedade, para que o Ensino Religioso pudesse ser assumido pelo Estado, era de que este assumisse uma identidade pedagógica, fosse um componente curricular e não um elemento eclesial na escola. Dessa forma, com a revisão, feita em 1997, do art. 33 da LDBEN (9.394/1996), e a publicação das Diretrizes do Ensino Fundamental, homologada em 1998 pelo Conselho Nacional de Educação, o Ensino Religioso como componente do currículo foi assumido como uma das dez áreas do conhecimento no ensino fundamental brasileiro.

Essa nova leitura do Ensino Religioso, traduzida nos objetivos, conteúdos e metodologia, visa instaurar o conhecimento para respeitar a diversidade do país. De tal forma que, para a formação de professores é preciso articular os dados da experiência do educando com o cotidiano da sala de aula, a fim de superar a fragmentação do conhecimento, desafio este que se impõe a todos os envolvidos na capacitação docente.

Nesse sentido, a proposição de um exercício de reflexão da ação, na ação e sobre a ação revela-se como um princípio norteador para melhor articular o processo pedagógico, em todas as áreas do conhecimento.

Para assumir essa orientação, é significativo compreender os fatos pedagógicos a partir de três dimensões: epistemológica, psicológica e didática, ou seja, a evolução interna da disciplina em questão; os dados fornecidos pela psicologia da infância e da adolescência, e os procedimentos do ensino.

Todas essas dimensões são interdependentes, visto que se desenvolvem em espaços de conhecimento próprios, mas que convergem no processo de ensino-aprendizagem.

Ao considerarmos a educação como um fenômeno social, torna-se importante compreendermos a origem e o desenvolvimento das áreas de conhecimento, especialmente do Ensino Religioso, que conta com uma história de escolarização ainda muito recente. Paralelamente, no campo da psicologia do desenvolvimento, podemos encontrar estudos que interferem na seleção dos procedimentos do Ensino Religioso.

Os profissionais da educação que atuam nesse campo acham-se no meio de duas grandes áreas: as Ciências da Religião e as Ciências da Educação. Os docentes ocupam-se, então, em discutir e estudar a questão do desenvolvimento do fenômeno religioso, e, ao mesmo tempo, lecionam, para crianças e adolescentes, os conhecimentos do campo da sociologia, psicologia, antropologia e outras ciências que analisam o movimento religioso em suas diferentes facetas. Nesse sentido, a perspectiva didática articula concepções contidas nas dimensões epistemológica e psicológica.

Portanto, os princípios que norteiam a formação dos professores por uma necessidade de sólida formação teórica e interdisciplinar sobre o fenômeno educacional, compreendem os fundamentos históricos, políticos e sociais, bem como o domínio dos conteúdos a serem ensinados. Desse modo, a relação da unidade "teoria-prática" implica uma organização curricular em que a abordagem do conhecimento assume, de maneira simultânea, três facetas: a teórica, o cotidiano operacional e o compromisso social.

No que tange aos elementos teóricos, consideramos o que é referenciado na manifestação do sagrado no coletivo. Essa mudança é proposta no momento histórico em que a cultura brasileira confronta-se com as consequências políticas e sociais de uma economia neoliberal, de um subjetivismo cultural e de uma concepção religiosa pentecostal carismática, numa releitura religiosa do cotidiano respaldada no estudo do ser humano em desenvolvimento, o qual sustenta a estrutura social das diferentes comunidades das quais participa, inclusive no processo da construção de um cidadão que compreende a pluralidade da sociedade.

O cotidiano operacional e o compromisso social podem ser difundidos entre os alunos, assim como o sentimento de amor e respeito pelas diferentes tradições religiosas. Da mesma forma, é possível desenvolver capacidades de aplicação dos novos conhecimentos, em confronto com as realidades atuais, além de contribuir para o aspecto do reconhecimento e do aperfeiçoamento de uma educação significativamente integral, que estimule a análise política e social do brasileiro, em trabalho coletivo e interdisciplinar, visando, assim, à eliminação das barreiras entre disciplinas, sem que se perca a especificidade da área do conhecimento.

A partir dos princípios formadores já mencionados, um aspecto perpassa a todo momento a questão de cidadania, pelo fato de ser fundante na Constituição brasileira e na LDBEN. É relevante que todos os componentes curriculares tenham presentes a pertinência da educação do cidadão, pois esta constitui um instrumento de atuação social e possibilita a releitura de seu contexto.

Diante desse quadro, o Ensino Religioso assume o papel de provocar, junto a cada um dos componentes da comunidade educativa, o questionamento sobre a própria existência do ser humano, participante das intrincadas relações socioculturais, com vistas a favorecer o conhecimento das diversas tradições religiosas responsáveis pela construção cultural do país.

Nesse sentido, o Ensino Religioso quer contribuir para a compreensão do sagrado, pois tem a capacidade de ir além da superfície das coisas, acontecimentos, gestos, ritos, normas e formulações, e ainda interpreta toda a realidade de maneira profunda, crescente, de modo a atuar na sociedade como elemento transformador e libertador. No plano histórico, o Ensino Religioso revela concepções diferentes da divindade, assim como formas rituais e sistemas de crenças profundamente antagônicos. Todavia, para os estudiosos do fenômeno, isso não excluiria, de maneira alguma, a possibilidade de individualizar aspectos constantes naquelas manifestações[38].

O que se pretende não é uma oposição, nem dualismo, nem mera identificação, mas sim a descoberta gradual do sagrado. O importante é que se tenha sempre em mente que o Ensino Religioso não deve permanecer somente em informações e curiosidades, mas que alcance a educação para a ação transformadora.

O modelo de Ensino Religioso escolarizado, ora estabelecido no Brasil, assumiu o atual conceito de religião como releitura do cotidiano. Ou seja, seu objetivo é, a partir do cotidiano da sociedade, compreender a presença das diferentes manifestações culturais e religiosas que identificam as comunidades.

Pela religião, o ser humano se define no mundo e para com seus semelhantes, visto que ela empresta sentido e constitui, para seus fiéis, uma fonte real de informações, funcionando, assim, como um modelo para o mundo, já que, para os que nela acreditam, a religião orienta as ações e apresenta explicações para questões vitais como: "De onde vim?", "Para onde vou?", "Qual o sentido da existência?". Desse modo, fornece respostas às três ameaças que pesam sobre toda a vida humana: o sofrimento, a ignorância e a injustiça.

A religião pode ser considerada como um comportamento instintivo, característico do homem, e suas manifestações são observadas através dos tempos, em todas as diversas culturas, a partir da busca da compreensão de si mesmo e do mundo, em relação aos fatos "inconsoláveis" e desconhecidos.

O ser humano, nos mais diversos cantos do planeta, estruturou a religião e, consequentemente, atribuiu significados ao caminhar desta e, para tal, foram estabelecidas histórias (compreenda-se o termo como história religiosa, lendas e mitos), ritos e outras formas para se retomar o que estaria rompido.

A referência das religiões ao sagrado apresenta uma impressionante variedade de concretizações e mediações. Não existe nenhum acontecimento natural ou vital ao qual não tenha sido dado o tom sagrado por alguma cultura. A experiência, o fato, o fenômeno ou o objeto pode ser hierofânico, isto é, revelador do divino, para os seres humanos em sua busca de transcendência. Portanto, o "mistério" não pode ser explicado, mas apenas tangenciado por mediação do simbólico. As religiões e as hierofanias revelam e ocultam o sagrado a um só tempo. Dessa forma, os símbolos religiosos são mediações que nunca conduzem plenamente ao "Todo", apenas o sinalizam. Podemos dizer, então, que as diversas formas como as religiões olham para o sagrado e dele se avizinham, são atravessadas, assim, por uma ambiguidade intrínseca na experiência religiosa.

O modelo escolarizado é, na realidade, muito mais exigente que os anteriores (confessional e ecumênico), porque, como uma disciplina escolar, pressupõe a compreensão da escola como a instituição na qual acontecerá o desenvolvimento desse conteúdo, no itinerário metodológico[38].

A LDBEN (Lei nº 9.394/1996) pretende que o cidadão se forme na escola, tanto no aspecto cultural como no profissional. E como a educação da consciência religiosa é um direito do ser humano, o pressuposto é que os alunos têm o direito de conhecer todas as dimensões da cultura, entre as quais se encontra a possibilidade de discutir os problemas fundamentais da existência.

É difícil chegarmos às opções de vida, quando pretendemos ignorar a religião que tem tanto a dizer, ou então, quando queremos restringi-la a um ensino vago, inútil, por ser destituído da relação entre os modelos históricos, coerentes com a tradição e a cultura dos povos. Portanto, a escola é um dos espaços sociais mais importantes para o crescimento humano e cultural do ser e da comunidade. Pode também ser um espaço para formulação de questões que provem a inteligência e a razão, a curiosidade científica e a sensibilidade artística. Nesse sentido, a estruturação do Ensino Religioso, como componente do contexto escolar, é, na realidade, a resposta a um desafio configurado há mais de um século, por isso exige a consideração de algumas variáveis que interferem em sua composição escolarizada.

4.2 IDENTIDADE PEDAGÓGICA PARA O ENSINO RELIGIOSO

COMPREENDER O ENSINO RELIGIOSO EM sua perspectiva cultural requer um processo orientado pela manifestação do sagrado em sua profunda diversidade. Assim, é pertinente considerar no planejamento da disciplina e no tratamento dos conteúdos, os seguintes elementos:

- as diferentes manifestações do sagrado em suas práticas coletivas;
- o conhecimento das bases teóricas que compõem o universo das diferentes culturas nas quais se firmam o sagrado e suas expressões coletivas;
- o tratamento do sagrado como construção histórico-social, agregando-se ao patrimônio cultural da humanidade, e, por consequência, a vivência do educando;
- a seleção de fontes que retratem com fidedignidade o sagrado, com uma metodologia que esteja pautada no entendimento da complexidade social, na leitura das múltiplas linguagens e na possibilidade de ampliar o universo multicultural do conhecimento e da ciência;
- a organização social das atividades, considerando-se uma determinação do tempo e do espaço favoráveis ao diálogo, à reflexão e à interação entre professor, aluno e conteúdo;
- finalmente, um planejamento coerente e em consonância com os anseios dos educandos para a promoção do conhecimento significativo, levando-se em conta seus saberes já elaborados.

Tendo como objeto o fenômeno religioso, o Fonaper aprovou os PCN do Ensino Religioso[36] e, para nortear esse componente curricular, foi definido o seguinte objetivo geral para todo o país:

Visando à valorização do pluralismo e da diversidade cultural presente na sociedade brasileira, facilita a compreensão das formas que exprimem o Transcendente na superação da finitude humana e que determinam, subjacentemente, o processo histórico da humanidade, necessita:

- *proporcionar o conhecimento dos elementos básicos que compõem o fenômeno religioso, a partir das experiências religiosas percebidas no contexto do educando;*
- *subsidiar o educando na formulação do questionamento existencial, em profundidade, para dar sua resposta devidamente informado;*
- *analisar o papel das tradições religiosas na estruturação e manutenção das diferentes culturas e manifestações socioculturais;*
- *facilitar a compreensão do significado das afirmações e verdades de fé das tradições religiosas;*
- *refletir o sentido da atitude moral, como consequência do fenômeno religioso e expressão da consciência e da resposta pessoal e comunitária do ser humano;*
- *possibilitar esclarecimentos sobre o direito à diferença na construção de estruturas religiosas que têm na liberdade o seu valor inalienável.*

Traduzir esse objetivo em atividades que operacionalizem o cotidiano do Ensino Religioso como uma disciplina coerente com os princípios da educação nacional é o desafio dos envolvidos nessa área do conhecimento.

SÍNTESE

POR QUE E COMO OCORRE o processo de escolarização do Ensino Religioso no Brasil? Desde o início, o Ensino Religioso foi nomeado como disciplina escolar, mesmo que nem sempre tenha sido tratado como tal. Basta recordarmos as variações ocorridas em seu processo de evolução: no começo como simples manutenção de uma doutrina, ou seja, como catecismo confessional, e, mais tarde, a partir da evolução metodológica, devido à influência do movimento catequético europeu, como modelo ecumênico, dado o diálogo entre as confissões cristãs.

Tal sistema assumiu como paradigma a concepção de Ensino Religioso como disciplina que nasce das questões antropológicas refletidas à luz dos textos bíblicos. Mais recentemente, houve também a tentativa da superação desse modelo, devido a uma concepção mais ampla, que buscava diálogo com as mais diversas tradições religiosas, sem chegar, porém, à verdadeira sistematização. As fases desse processo são bem distintas entre si, já que a necessidade inicial das comunidades religiosas foi a de utilizar a escola como canal de veiculação dos seus princípios e valores. Mas hoje, há uma nova proposta, na qual a escola é vista como espaço de formação integral do cidadão.

A partir de julho de 1997, com a Lei nº 9.475, o Ensino Religioso foi considerado, no legislativo, como parte integrante da formação básica do cidadão, assumida pelo sistema educacional no campo da organização dos conteúdos do componente curricular. Houve a definição das normas para habilitação e admissão dos professores da disciplina, com nova significação na estruturação dessa área do conhecimento. A mudança, por sua vez, foi realizada em sintonia com a Constituição no que diz respeito à diversidade cultural e religiosa do Brasil, vedando qualquer tipo de proselitismo. Entretanto, mesmo fazendo parte da educação básica do cidadão, o Ensino Religioso é uma disciplina de matrícula facultativa, cuja participação depende da escolha do aluno ou de seu responsável.

INDICAÇÃO CULTURAL

A ONDA. Direção: Alex Grasshof. Produção: TAT Communications Company; Tandem Productions. EUA: American Broadcasting Company; Sony Pictures Television, 1981. 44 min.
Mais do que transmissão de informações, a escola assume o papel social de construir conhecimentos. Essa experiência é apresentada no filme A Onda, no qual professor de história, ao responder a questão de uma estudante sobre o movimento nazista e sua interferência na sociedade alemã, pode provocar a compreensão da interferência da questão religiosa na sociedade. Por meio desse fato escolar é possível estabelecer a relação com o papel do Ensino Religioso no cotidiano da sala de aula.

ATIVIDADES DE AUTOAVALIAÇÃO

Para as questões que seguem, marque (V) para as proposições verdadeiras e (F) para as falsas. Depois, assinale a alternativa que apresenta a sequência correta:

1 O Ensino Religioso na perspectiva pedagógica é subsidiado:
   ( ) pela educação e pelas ciências da religião.
   ( ) pela educação e pela teologia.
   ( ) pela educação e pela catequese.

( ) pela teologia e pela catequese.
( ) pela teologia e pela filosofia.

A) F, F, F, V, F
B) V, F, F, F, F
C) F, V, F, V, V
D) V, F, V, V, V

2 O Ensino Religioso, como área do conhecimento:

( ) está fundamentado numa releitura doutrinária das comunidades, respaldada no estudo do ser humano como fiel – que sustenta a estrutura social das diferentes comunidades religiosas das quais participa –, inclusive no processo da construção de um cidadão que compreende a pluralidade da sociedade.

( ) está fundamentado numa releitura religiosa do cotidiano, respaldada no estudo do ser humano em desenvolvimento, que sustenta a estrutura social das diferentes comunidades das quais participa, inclusive no processo da construção de um cidadão que compreende a pluralidade da sociedade.

( ) está fundamentado numa releitura dos valores humanos, respaldada no comportamento das tradições, que sustenta a estrutura social das diferentes comunidades religiosas das quais participa, inclusive no processo da construção de um cidadão que compreende a pluralidade da sociedade.

( ) está fundamentado numa síntese confessional do cotidiano, respaldada no estudo do ser humano em desenvolvimento, que sustenta a estrutura social das diferentes comunidades das quais participa, inclusive no processo da construção de um cidadão que compreende a pluralidade da sociedade.

( ) está fundamentado numa síntese mística do cotidiano, respaldada no estudo do ser humano em desenvolvimento, que sustenta a estrutura social das diferentes comunidades das quais participa, inclusive no processo da construção de um fiel que compreende a unidade da sociedade.

A) F, V, F, F, F
B) V, F, F, F, F
C) F, V, F, V, V
D) V, F, V, V, V

3 O que se pretende alcançar com objetivo proposto pelos PCN do Ensino Religioso é:

( ) proporcionar o conhecimento dos elementos básicos que compõem o fenômeno religioso, a partir das experiências religiosas percebidas no contexto do educando, subsidiando-o na formulação do questionamento existencial, em profundidade, para dar sua resposta devidamente informado.

( ) facilitar a compreensão do significado das afirmações e verdades de fé das tradições religiosas; refletir sobre o sentido da atitude moral, como consequência do fenômeno religioso e expressão da consciência e da resposta pessoal e comunitária do ser humano.

( ) analisar o papel das tradições religiosas na estruturação e na manutenção das diferentes culturas e manifestações socioculturais; possibilitar esclarecimentos sobre o direito à diferença na construção de estruturas religiosas que têm na liberdade o seu valor inalienável.

( ) dogmatizar a compreensão do significado das afirmações e verdades de fé das tradições religiosas; refletir o sentido da atitude moral, como consequência do fenômeno religioso e expressão da consciência e da resposta pessoal e comunitária do ser humano.

( ) analisar o papel das tradições filosóficas na estruturação e na manutenção das diferentes teologias e manifestações socioculturais; possibilitar esclarecimentos sobre o direito a unidade na construção de estruturas religiosas que têm na liberdade o seu valor inalienável.

A) F, F, F, V, F
B) V, F, F, F, F
C) F, V, F, V, V
D) V, V, V, F, F

4 O modelo de Ensino Religioso escolarizado ora estabelecido no Brasil assumiu o atual conceito de religião (*religio* em latim):
( ) como sendo *relegere*, na definição de "reler".
( ) como sendo *relegere*, na definição de "optar".
( ) como sendo *relegere*, na definição de "adesão".
( ) como sendo *relegere*, na definição de "aceitação".
( ) como sendo *relegere*, na definição de "doutrinação".

A) F, F, F, V, F
B) V, F, F, F, F
C) V, F, F, F, F
D) V, F, V, V, V

5 Entre os objetivos para o Ensino Religioso, propostos pelos PCN estão: proporcionar o conhecimento dos elementos básicos que compõem o fenômeno religioso, a partir das experiências religiosas percebidas no contexto do educando, e subsidiar o educando na formulação do

questionamento existencial, em profundidade, para que possa dar sua resposta estando devidamente informado. Tal proposta favorece a um modelo de Ensino Religioso:

( ) confessional
( ) fenomenológico
( ) interconfessional
( ) de doutrinação
( ) filosófico

A) F, F, F, V, F
B) V, F, F, F, F
C) F, V, F, F, F
D) V, F, V, V, V

Atividades de Aprendizagem

Questões para Reflexão

Esta é a redação do objetivo proposto para o Ensino Religioso, constante dos PCN e aprovado pelo Fonaper:

Visando à valorização do pluralismo e da diversidade cultural presente na sociedade brasileira, facilita a compreensão das formas que exprimem o Transcendente na superação da finitude humana e que determinam, subjacentemente, o processo histórico da humanidade, necessita: proporcionar o conhecimento dos elementos básicos que compõem o fenômeno religioso, a partir das experiências religiosas percebidas no contexto do educando; subsidiar o educando na formulação do questionamento existencial, em profundidade, para dar sua resposta devidamente informado; analisar o papel das tradições religiosas na estruturação e manutenção das diferentes culturas e manifestações socioculturais; facilitar a compreensão do significado das afirmações e verdades de fé das tradições religiosas; refletir o sentido da atitude moral, como consequência do fenômeno religioso e expressão da consciência e da resposta pessoal e comunitária do ser humano; possibilitar esclarecimentos sobre o direito à diferença na construção de estruturas religiosas que têm na liberdade o seu valor inalienável. (FONAPER, 1998)

1. Procure explicar esse objetivo geral para alunos e responsáveis pelos estudantes, por meio de uma história em quadrinhos, de maneira a valorizar a questão do Ensino Religioso como um conhecimento que faz parte do cotidiano de nossa sociedade.

2. Qual a relação da frase "Ninguém nasce odiando outra pessoa pela cor de sua pele, por sua origem ou, ainda, por sua religião. Para odiar, as pessoas precisam aprender; e, se podem aprender a odiar, podem ser ensinadas a amar." (SEDH, 2004) com a proposta brasileira para o ensino religioso? Elabore um decálogo com 10 princípios norteadores para um professor que assuma essa disciplina.

ATIVIDADE APLICADA: PRÁTICA

1. A partir do objetivo proposto pelos PCN do Ensino Religioso produzido pelo Fonaper, procure elaborar um plano de aula sobre a cultura indígena. Estabeleça o objetivo, o desenvolvimento e a avaliação para esse plano. Indique o segmento escolar para o qual será destinada sua aplicação.

Cinco

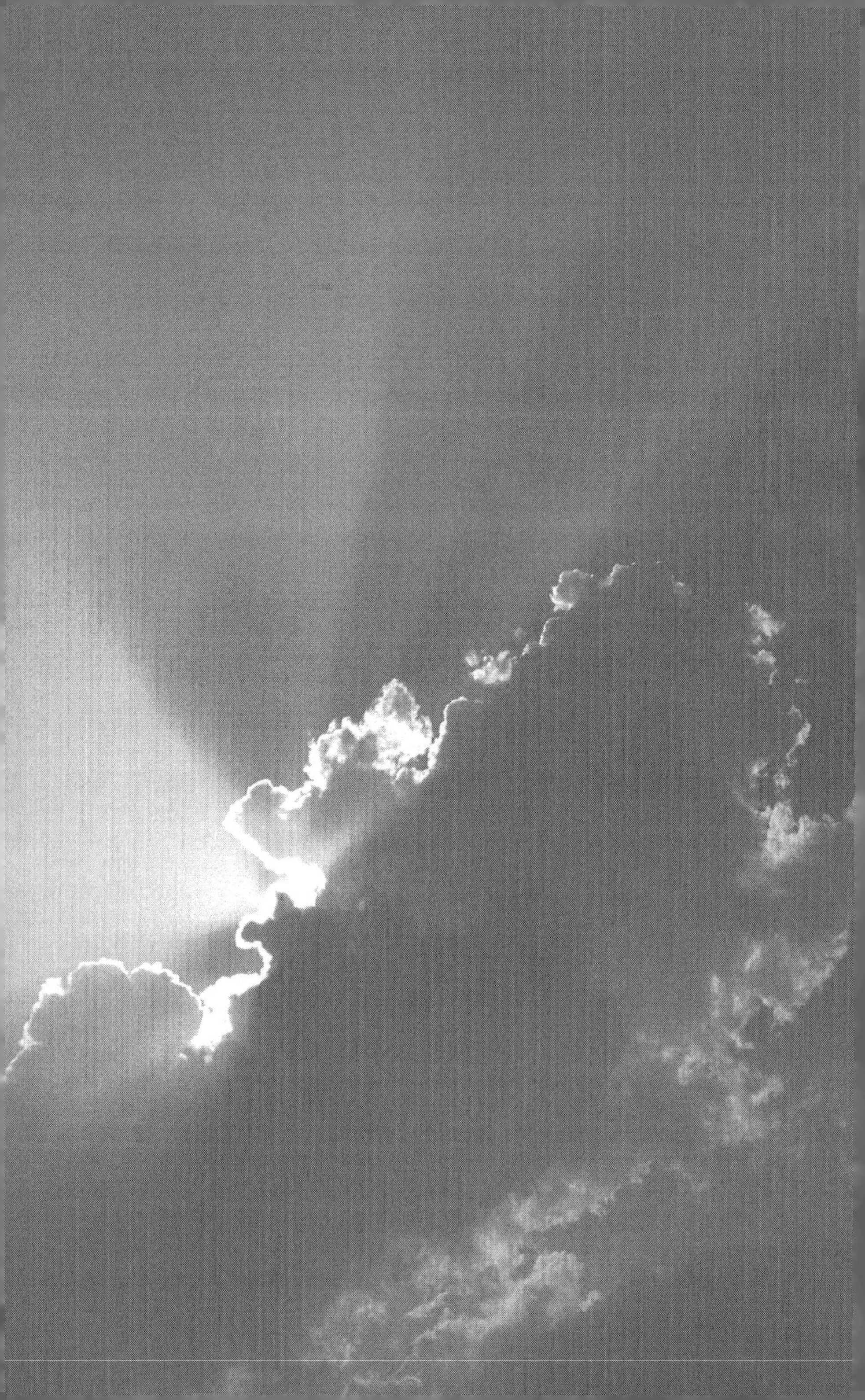

A IDENTIDADE PEDAGÓGICA DO ENSINO RELIGIOSO

O ENSINO RELIGIOSO É UMA das dez áreas de conhecimento definidas pelas Diretrizes Curriculares Nacionais, aprovadas em 1998 pelo CNE[13]. A Diretriz n° IV afirma que:

> Em todas as escolas deverá ser garantida a igualdade de acesso para alunos a uma Base Nacional Comum, de maneira a legitimar a unidade e a qualidade da ação pedagógica na diversidade nacional, a Base Nacional Comum e sua Parte Diversificada deverão integrar-se em torno do paradigma curricular, que vise estabelecer a relação entre a Educação Fundamental e: A) **Vida Cidadã através da articulação entre vários dos seus aspectos como**: a Saúde, a Sexualidade, a Vida Familiar e Social, o Meio Ambiente, o Trabalho, a Ciência e a Tecnologia, a Cultura as Linguagens; B) **as Áreas de Conhecimento**: Língua Portuguesa, Língua Materna (para populações indígenas e migrantes), Matemática, Ciências, Geografia, História, Língua Estrangeira, Educação Artística, Educação Física e Educação Religiosa – na forma do art. 33 da LDB. [grifo nosso]

Nessa perspectiva, esse componente curricular considera todas as dimensões, mas enquanto área de conhecimento enfatiza a dimensão religiosa do ser humano, contemplando sua inter-relação, capaz de promover o respeito à diversidade, atualização do conhecimento do fenômeno religioso e a reflexão sobre as diversas formas de expressão em diferentes culturas e tradições religiosas. Desse modo, o Ensino Religioso deve tornar possível reler e estabelecer novos significados para o objeto de seu estudo: o fenômeno religioso. Isso envolve compreender a diversidade religiosa, conhecer o significado da experiência de transcendência, atitudes, gestos, símbolos, textos sagrados e ritos de diversas tradições.

O desafio de compreender o perfil pedagógico do Ensino Religioso encontra-se no fato de que este, historicamente, não foi concebido como elemento integrante de uma área maior como a educação, pois, para propormos suas características pedagógicas, precisamos compreendê-lo dentro do conjunto de teorias e doutrinas na educação.

Quando os pesquisadores procuram estudar o desenvolvimento do Ensino Religioso brasileiro, a grande fonte é a legislação e não as linhas educacionais. Atualmente, especialistas que se dedicam a esse componente curricular procuram associar, por inferência, correntes pedagógicas aos diferentes modelos desenvolvidos neste país, por associação a partir dos subsídios didáticos existentes.

Toda essa análise e reflexão desenvolvidas em regiões brasileiras sofrem a interferência das concepções de educação, escola, professor, currículo e de outros segmentos destinados a pensar pedagogicamente o processo de ensino-aprendizagem.[38]

Atuais proposições da educação nacional, a partir dos PCN, ressaltam enfoques significativos na elaboração dos componentes curriculares: inicialmente, a relação entre cultura e educação e o papel da ação educativa ajustada às situações de aprendizagem e às características da atividade mental construtiva do aluno em cada momento de sua escolaridade; posteriormente, a compreensão dos mecanismos pelos quais o indivíduo constrói suas representações, em uma perspectiva psicogenética, o que contribui para além das descrições dos grandes estágios de desenvolvimento.

A formação escolar deve propiciar o desenvolvimento de capacidades, de tal forma que o favorecimento, a compreensão e a intervenção nos fenômenos sociais e culturais possibilitem aos alunos usufruir das manifestações locais ou universais em sua comunidade.

Essa função socializadora remete a dois aspectos: o desenvolvimento individual e o contexto social e cultural, com a valorização da cultura de sua comunidade e simultaneamente a busca de superação de seus limites, propiciando aos alunos, pertencentes aos diferentes grupos sociais, o acesso ao saber, tanto no que diz respeito aos conhecimentos socialmente relevantes da cultura nacional, como no que faz parte do patrimônio universal da humanidade.

É importante ressaltar que os conhecimentos construídos na escola se recriam e recebem um novo sentido, sobretudo, quando são produtos de uma construção dinâmica que se opera na interação constante entre o saber formal escolarizado e os demais saberes; entre o que o aluno aprende institucionalmente e o que traz consigo para o espaço escolar, em um processo contínuo, permanente de aquisição, no qual interferem fatores políticos, sociais, culturais e psicológicos.[29]

No processo de ensino-aprendizagem, proposto no Brasil, o conhecimento não é percebido como algo fora do indivíduo, adquirido por meio de mera transmissão, muito menos que o indivíduo constrói independentemente da realidade exterior, dos demais e de suas próprias capacidades pessoais. É, antes de mais nada, uma construção histórica e social.

Dessa forma, o papel da educação, tanto das pessoas como da sociedade, é ampliado e indica a necessidade de vislumbrar uma escola voltada para a formação de cidadãos. Nisso, o atual contexto ressalta a competição e a excelência, em que o progresso científico e os avanços tecnológicos definem exigências novas para os jovens que ingressarão no mundo do trabalho, portanto, tal demanda impõe uma revisão dos currículos que orientam o fazer cotidianamente realizado pelos professores e especialistas em educação em nosso país.

Consequentemente, algumas tensões são explicitadas como entre o global e o local, ou seja, entre se tornar progressivamente cidadão do mundo sem perder suas raízes, participando ativamente da vida de seu país e de sua comunidade. Em um mundo marcado pelo processo da mundialização cultural e da globalização econômica, outro confronto acentuado é entre o espiritual e o material, pois, frequentemente, a sociedade, mesmo envolvida cotidianamente com as questões materiais, deseja alcançar valores que podem ser denominados *morais-espirituais*, tais como suscitar valores, segundo suas tradições e convicções.

Diante desses e outros conflitos, é solicitado frequentemente que os profissionais da educação envolvam-se na formação ética das novas gerações, a fim de que contribuam para a existência de cidadãos que assumam a dignidade do ser humano, garantam a conquista da igualdade dos direitos, assim como a recusa categórica das mais diversas formas de discriminação. Ressalte-se aí a importância da solidariedade e a observância de leis que explicitem esses valores.

Perante a diversidade existente em nosso universo podemos perceber que o ser humano vive em interação com outros seres, com o ambiente e com o transcendente. Todas as relações que permeiam sua interação resultam em aprendizagem, contribuindo para a sua formação.

Especialmente no espaço escolar, as interações humanas subsidiam a construção do conhecimento e contribuem para a formação do educando. O conhecimento a serviço do ser humano perpassa o desenvolvimento do educando, num processo de aprendizagem contínua, que está envolto pelas diversas dimensões afetiva, física, intelectual, social, religiosa. São essas dimensões, que fazem parte da sua vida, que o ajudam a compreender o que é ser gente.

5.1 ENSINO RELIGIOSO NO PROJETO PEDAGÓGICO

NESSE CONTEXTO É FUNDAMENTAL DISCUTIRMOS o Ensino Religioso no projeto político-pedagógico. No sentido etimológico, o termo *projeto* vem do latim *projectu*, particípio passado do verbo *projicere*, que significa "lançar para diante". Poderíamos dizer que o projeto visa buscar um rumo, uma direção, e é intencional, com sentido explícito e compromisso definido coletivamente. O projeto escolar tem duas dimensões: política e pedagógica.[38]

Usa-se o termo *político* porque se está formando o cidadão e tem-se compromisso sociopolítico com os envolvidos, com o que faz ou deixa de fazer e com o modo como faz. Portanto, a escola contribui com a afirmação e a negação de interesses e valores. Daí a necessidade de se fazer uma opção política, a fim de deixar claro a serviço de que tipo de homem e que tipo de sociedade ela se coloca.

Logo, o Ensino Religioso deverá ser concebido a partir do contexto escolar, com o objetivo de conhecimento próprio e com objetivos específicos, enfatizando a formação cidadã a partir das contribuições que as tradições religiosas oferecem para o processo de civilização e humanização do homem.

É também pedagógico porque atua na efetivação da intenção da escola, na formação do cidadão crítico e participante da sociedade, definindo, assim, ações educativas e características necessárias para que se cumpram seus propósitos.

Considerando que político e pedagógico têm "significação indissociável", é um processo permanente de reflexão e discussão dos problemas da instituição, na busca de meios que efetivem toda a sua intencionalidade. Desse modo, o projeto político pedagógico expressa as diretrizes do processo de ensino-aprendizagem, definindo os rumos da escola e tendo como referência sua realidade, a realidade de seus alunos, as expectativas e possibilidades concretas; tudo isso sem perder de vista o suporte legal e formal.

A construção do projeto político-pedagógico na instituição deverá ser realizada com o envolvimento de todos os responsáveis, com comprometimento individual e coletivo. Nele, são estabelecidos os propósitos, os fundamentos e os princípios filosóficos, didático-pedagógicos e científicos da instituição de ensino.

Nessa perspectiva, o Ensino Religioso deverá ser considerado integrante e integrado na construção coletiva do projeto político pedagógico da escola, tendo uma prática pedagógica mais interdisciplinar e menos fragmentada na organização curricular.

O currículo é um elemento importante na organização do projeto político pedagógico, pois por meio dele poderá ser definida a maneira de aprendizagem a ser aplicada na escola. Afinal, é uma construção social do conhecimento, que pressupõe a sistematização dos meios para que essa construção se efetive, a transmissão de conhecimentos historicamente produzidos e as formas de assimilá-la. Portanto, produção, transmissão e assimilação são processos que competem a uma metodologia de construção coletiva de conhecimento escolar, ou seja, o currículo. Este, por sua vez, expressa uma cultura e não pode ser separado do contexto social, visto que é historicamente situado e culturalmente determinado.

O Ensino Religioso, na atual concepção, é considerado um componente curricular, pois a partir da Resolução n° 02/1998 da Câmara de Educação Básica do CNE, passou a fazer parte das áreas do conhecimento, sendo reconhecido como integrante da formação básica do cidadão. Os princípios estruturais do Ensino Religioso nos levam a concebê-lo como:

- parte integrante da formação básica do cidadão;
- um conhecimento que subsidia o educando para a vida;
- uma aprendizagem processual, progressiva e permanente;
- uma disciplina que orienta para a sensibilidade ao mistério na alteridade;
- uma disciplina que tem uma avaliação como processo que permeia os objetivos, conteúdos e práticas didáticas;
- uma prática didática contextualizada e organizada;
- uma disciplina dos horários normais.

Um dos nós na educação atual é o conceitual, pois se não houver clareza nos conceitos com os quais iremos lidar no dia a dia da educação, todo o processo fica comprometido. Na área do Ensino Religioso, esse é um grande problema, basta fazermos uma pesquisa rápida nos trabalhos sobre a área, participar de congressos, simpósios ou qualquer evento para o problema ficar em evidência. Falta clareza conceitual sobre alguns termos: religião, credo, instituição religiosa, fé, crença, mito, rito, ritualização, religiosidade, espiritualidade, devoção popular, transcendente, sagrado, divino, secularização, teologia, entre outros. Se formos citar todos os termos a lista será muito extensa.

As deturpações dos conceitos são próprias de uma sociedade de mudanças tão rápidas como a nossa, que na ânsia de adaptar o todo aos objetivos das mudanças, propositadamente altera os conceitos para que a ideologia vigente permeie melhor a consciência das pessoas. Muitos conceitos são equivocadamente usados, por conta única e exclusiva da formação das pessoas, que, na maioria dos casos, foram educadas sob o enfoque do cristianismo, e que ainda não conseguiram se distanciar da primazia religiosa, ou seja, da ideia de que é a única e verdadeira religião revelada e salvífica, e que é muito importante a propagação dessa verdade.

Esse é o embaraço da questão, pela formação que tiveram os professores do ensino religioso e pela postura autoritária de alguns conselhos e ou órgãos ligados às instituições religiosas, ainda não conseguiram entender ou aceitar a diferença entre evangelização, pastoral e educação.

O Ensino Religioso está no âmbito da educação, portanto é uma área de conhecimento que faz parte da formação educacional do aluno em nada se diferindo das outras áreas de conhecimento, nem para melhor nem para pior. A educação assim como a religião tem por objetivo civilizar o homem, ou seja, torná-lo humano, afastando-o dos limites e condicionamentos biológicos a que estamos sujeitos. Tornamo-nos humanos a partir do momento que somos capazes de criar estruturas sociais complexas regidas por valores e normas. É justamente nesse ponto que reside a pertinência do ensino religioso.

Desde os primórdios as religiões orientaram os homens em seu processo civilizatório, criando as estruturas que propiciariam a vida em grupo, como as interdições, os tabus, os mitos e as leis, com o objetivo de situar o indivíduo em suas relações com o transcendente e com seu semelhante.

Ao longo desse processo civilizatório, existe toda uma mudança permanente de ideias, valores, normas e conhecimentos, pois nada está pronto e acabado, o processo é extremamente dinâmico, o conhecimento é um conhecimento em construção, daí as tradições religiosas orientais afirmarem que tudo é movimento e que esse movimento é vida, ao passo que o estático, pela sua rigidez, é morte.

A importância do Ensino Religioso reside nesse contexto, por isso ele deve evidenciar as contribuições que as tradições religiosas deram para o processo civilizatório da humanidade, assim como se notam, na educação, as contribuições das outras áreas de conhecimento.

O maior problema para que isso seja colocado em prática reside em nossas heranças culturais. Temos de nos afastar das ideias hegemônicas, pois não existem tradições religiosas melhores nem piores, assim como não existem culturas superiores e inferiores. Em vista disso, a tradição religiosa faz parte do universo cultural de um povo, portanto só conhecemos e entendemos a importância de uma tradição religiosa, quando conhecemos a cultura na qual ela nasceu e como ela se constituiu numa importante ferramenta no processo civilizatório daquele povo.

Portanto, é ilusório pensarmos o mundo a partir de uma única tradição religiosa, como existe no arcabouço doutrinário cristão e muçulmano. O mundo jamais terá uma única cultura, como jamais terá uma única tradição religiosa. Devemos caminhar em direção à vivência da regra de ouro que é comum a todas as tradições religiosas: "não faças aos outros o que não queres que te façam". Os tempos atuais estão a clamar pela vivência dessa regra, e, nesse ponto, o ensino religioso é uma ferramenta no resgate dessa regra que é de suma importância para que o homem se torne humano.

5.2
A CONSTRUÇÃO DO PERFIL PEDAGÓGICO PARA O ENSINO RELIGIOSO

O CONHECIMENTO RELIGIOSO COMO PATRIMÔNIO da humanidade necessita estar à disposição na escola e promover nos educandos oportunidades de se tornarem capazes de entender os movimentos específicos das diversas culturas, cujo substantivo religioso colabora no aprofundamento para a autêntica cidadania.

Nesse sentido, o exercício de elaborar o perfil pedagógico do ensino religioso no contexto brasileiro está sendo estabelecido a partir da reflexão e operacionalização do seu estudo, de acordo com a elaboração de uma proposta de educação, hoje fundamentada na atual LDBEN e nos PCN. O processo ainda está distante de uma conclusão, mas, com certeza, muito já foi realizado para a concretização desse perfil pedagógico.

Para viver democraticamente em uma sociedade plural é preciso respeitar as diferentes culturas e grupos que as constituem. Como a convivência entre grupos diferenciados é marcada pelo preconceito, um dos grandes desafios da escola é conhecer e valorizar a trajetória particular dos grupos que compõem a sociedade brasileira. Reconhecer que cada forma particular de vida participa de um conjunto maior, que é a humanidade, e que nesta, cada especificidade é uma linguagem própria por meio da qual as pessoas criaram códigos de expressão e de entendimento. A cultura que dá origem às religiões e a tudo o mais que o homem cria é de cunho artístico, original e único e pode ser apreciada enquanto tal.

O Ensino Religioso não foge a essa regra. Aprendendo a conviver com as diferentes tradições religiosas, vivenciando a própria cultura e respeitando as diversas formas de expressão cultural, o educando estará também se abrindo para o conhecimento. Não podemos entender o que não conhecemos. É importante, então, considerarmos que o fenômeno religioso é um dado da cultura e da identidade de um grupo social, cujo conhecimento deve promover o sentido da tolerância e do convívio respeitoso com o diferente.

SÍNTESE

COMPREENDER O ENSINO RELIGIOSO NO espaço da sala de aula é o atual desafio empreendido pelos que estão envolvidos com esse componente do currículo, o qual visa à formação de um cidadão que leia o seu contexto de forma a compreendê-lo e de modo que nele possa intervir. Para tanto, a leitura das diferentes manifestações culturais-religiosas contribuirão para superar preconceitos e outras formas de exclusão dos indivíduos da e na comunidade a que pertencem. Ao longo deste capítulo, essa discussão foi iniciada e será aprofundada no projeto pedagógico de cada escola.

INDICAÇÃO CULTURAL

A CORRENTE do bem. Direção: Mimi Leder. Produção: Peter Abrahms; Robert L. Levy; Steven Reuther. EUA: Warner Bros., 2000. 115 min.

Nesse filme, o professor de história utiliza-se de seu componente curricular para provocar os estudantes a ler o seu cotidiano e a compreender como o nazismo foi assumido por toda uma nação. Uma ideologia aparentemente distante, que faz parte do passado, está na realidade em nosso cotidiano. Então, saber olhar esses sinais para superar as dificuldades foi o desafio proposto por aquele docente, e essa é a proposta também para o ensino religioso. Este pretende que, a partir do estudo das diferentes manifestações religiosas, seja possível compreender a identidade brasileira para superarmos os preconceitos de nossa sociedade.

Atividades de Autoavaliação

Para as questões a seguir, marque (V) para verdadeiro ou (F) falso. Depois, assinale a alternativa que apresenta a sequência correta.

1 Os conhecimentos transmitidos na escola se recriam e recebem um novo sentido especialmente quando:
   ( ) são produto de uma construção dinâmica, que se opera na interação constante entre o saber formal escolarizado e os demais saberes; entre o que o aluno aprende institucionalmente e o que traz consigo para o espaço escolar.
   ( ) são produto de um processo passivo, que se opera na ação constante entre o saber formal escolarizado e os demais saberes, entre o que o aluno aprende institucionalmente e o que traz consigo para o espaço escolar.
   ( ) são produto de uma construção dinâmica que se opera na interação constante entre o saber informal e os demais saberes, desconsiderando o papel da instituição escolar.
   ( ) são produto de um processo passivo, que se opera na ação constante entre o saber formal escolarizado e os demais saberes, entre o que o aluno aprende institucionalmente e o que traz consigo para o espaço comunitário.
   ( ) são produto de um processo passivo, que se opera na ação constante entre o saber formal doutrinador e os demais saberes; entre o que o aluno aprende institucionalmente e o que traz consigo para o espaço religioso.

A) F, F, F, V, F
B) V, F, V, F, F
C) V, F, F, F, F
D) V, F, V, V, V

2 A atual concepção de ensino religioso propõe estabelecer o conhecimento pela reconstrução de significados que ocorrem por meio da releitura dos elementos do fenômeno religioso, realizando a aprendizagem na perspectiva:

( ) do papel individual independente da comunidade, desconsiderando, assim, a relação entre as culturas e as tradições religiosas. Dessa forma, o ensino religioso deve tornar possível ao educando reler e estabelecer novos significados para o objeto de seu estudo: o fenômeno religioso.

( ) do convívio social e pela relação entre as culturas e tradições religiosas. Dessa forma, o ensino religioso deve tornar possível ao educando reler e estabelecer novos significados para o objeto de seu estudo: a doutrina religiosa.

( ) do convívio social e pela relação entre as culturas e tradições religiosas. Dessa forma, o ensino religioso deve tornar possível ao educando reler e estabelecer novos significados para o objeto de seu estudo: o fenômeno religioso.

( ) do convívio social e pela relação entre as culturas e tradições religiosas. Dessa forma, o ensino religioso deve tornar possível ao educando orientar-se pela doutrina religiosa.

( ) do convívio religioso e pela relação entre as culturas e tradições filosóficas. Dessa forma, o ensino religioso deve tornar possível ao fiel orientar-se pela doutrina religiosa.

A) F, F, V, F, F
B) V, F, F, F, V
C) V, F, F, F, F
D) V, F, V, V, V

3 O referencial metodológico para operacionalizar o ensino religioso, na perspectiva pedagógica, precisa permitir que se amplie:
( ) a observação e a memória, para que o educando possa compreender e dar sentido ao que sua tradição propõe.
( ) a memória e a doutrina, para que o educando possa compreender e dar sentido ao que sua tradição propõe.
( ) a observação e a reflexão, para que o educando possa compreender e dar sentido ao que sua tradição propõe.
( ) a memória e a ideologia, para que o educando possa compreender e dar sentido ao que sua tradição propõe.
( ) a memória e a ideologia, para que o fiel possa compreender e dar sentido ao que sua tradição propõe.

A) F, F, V, F, F
B) V, F, F, F, V
C) V, F, F, F, F
D) V, F, V, V, V

4 O ensino religioso deverá ser concebido a partir do contexto escolar, com o objetivo de conhecimento próprio e com objetivos específicos:
( ) tendo ênfase na formação cidadã, a partir das contribuições que as tradições religiosas oferecem para o processo de civilização e humanização do homem.

( ) tendo ênfase na formação da comunidade religiosa a que pertence, a qual oferece contribuições para o processo de civilização e humanização do homem.

( ) tendo ênfase na formação cidadã, a partir das contribuições que as tradições religiosas oferecem para o processo doutrinação.

( ) tendo ênfase na formação da comunidade filosófica a que pertence a qual oferece contribuições para o processo de ideologização do ser humano.

( ) tendo ênfase na formação da comunidade mísitica a que pertence a qual oferece contribuições para o processo de ideologização do ser humano.

A) F, F, V, F, F
B) V, F, F, F, V
C) V, F, F, F, F
D) V, F, V, V, V

5 Nessa perspectiva, o ensino religioso deverá ser considerado integrante e integrado na construção coletiva do projeto político pedagógico da escola, tendo uma prática pedagógica mais interdisciplinar e menos fragmentada na organização curricular. Essa afirmativa indica um ensino religioso:

( ) pedagógico.
( ) eclesial.
( ) religioso.
( ) doutrinal.
( ) filosófico.

A) F, F, V, F, F
B) V, F, F, F, V
C) V, F, F, F, F
D) V, F, V, V, V

Atividades de Aprendizagem

Questões para Reflexão

Releia neste capítulo os princípios estruturais do ensino religioso. A partir deles, para uma leitura pedagógica do ensino religioso, propomos o aprofundamento de dois temas:

1. O que significa o conhecimento religioso e sua relação com a formação das sociedades? Elabore um texto explicitando essa reflexão.

2. Qual a relação entre currículo e formação cidadã para a identidade nacional? Organize um artigo abordando esse aspecto, a partir de uma entrevista com um professor de ensino religioso.

Atividade Aplicada: Prática

1. O professor Domenico Costella (citado por Junqueira; Wagner, 2004) afirmou que uma das tarefas da escola é fornecer instrumentos de leitura da realidade e criar as condições para melhorar a convivência entre as pessoas pelo conhecimento, isto é, construir os pressupostos para o diálogo. A partir dessa afirmativa, entreviste três professores que atuam no ensino religioso, apresentando-lhes o seguinte questionamento: como o ensino religioso favorece a leitura da realidade e cria condições para melhorar a convivência entre as pessoas? A partir das três respostas, elabore um parágrafo que sintetize essas reflexões.

Seis

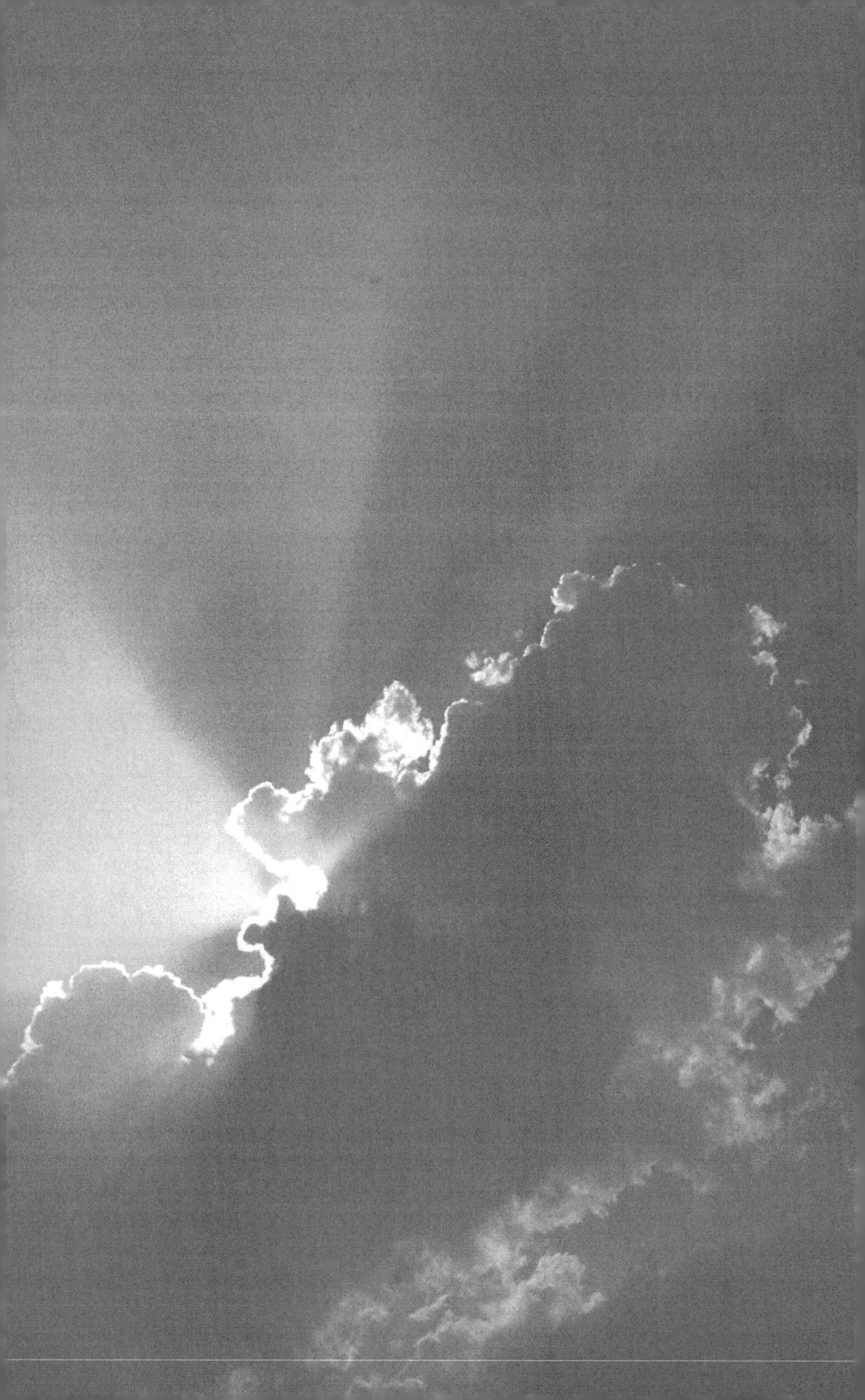

O Ensino Religioso em contexto internacional

O Ensino Religioso, como disciplina, nasceu no contexto em que o Estado assumiu a responsabilidade pela educação, mesmo com características das escolas orientadas pela Igreja. O marco histórico da origem do Ensino Religioso no Ocidente é o estabelecimento do império austro-húngaro, no século XIX. Ou seja, para compreendermos hoje por que essa disciplina é um elemento curricular, torna-se importante retomarmos as influências pedagógicas, que por sua vez sofrem interferências políticas na concepção e na divulgação de propostas relacionadas ao ensino-aprendizagem.

Nesse contexto histórico, as aulas de religião, assim como a alfabetização em língua materna, davam-se por meio do ensino do catecismo e das histórias bíblicas, o que colaborou para a unidade desse império. Tal experiência influenciou outros países nos quais a relação entre Igreja e Estado era muito próxima, inclusive no Brasil, como verificamos anteriormente. Esse pressuposto é importante para compreendermos o Ensino Religioso no contexto internacional e verificarmos os caminhos construídos com a criatividade e sensibilidade dos professores e pesquisadores brasileiros.

6.1
Origens do Ensino Religioso no Ocidente

O Ensino Religioso é uma disciplina que surgiu no contexto em que o Estado ocupava-se da escolarização da população, no século XVI, quando ocorreu o processo da Reforma Protestante. Naquele momento, o papel da educação em uma perspectiva religiosa era perceptível, mas os reformistas Lutero (1483-1546) e Melanchthon (1497-1560) trabalharam intensamente para a implantação da escola elementar para todos. Era a primeira vez que se falava de educação universal e ao mesmo tempo, Lutero solicitava às autoridades oficiais que assumissem essa tarefa, considerando que a educação para todos devia ser de competência do Estado, pois, por meio da alfabetização e do estudo de outros elementos, haveria a possibilidade de ler a Bíblia e sua interpretação; portanto, a motivação religiosa demandaria uma organização no processo de ensino-aprendizagem.[2]

Mesmo com conflitos contemporâneos a esse processo reformador, como a Guerra dos Trinta Anos (1618-1648), que dificultou a efetiva realização de tais projetos, foram os alemães que conseguiram, na Europa, os melhores resultados, no que se refere à educação pública. Na França, ainda dentro do ideal da escola pública e gratuita, podemos destacar o trabalho do abade Charles Démia que, em 1666, publicou um livro, no qual defendia a necessidade da educação popular. Sob sua influência e direção, foram fundadas diversas escolas gratuitas para crianças pobres e, inclusive, um seminário para formação de mestres. Mas, na opinião do pedagogo francês Compayré, citado por Braido[2], essas escolas visavam à instrução religiosa, disciplinar e aos trabalhos manuais, de tal modo que "as escolas vinham a ser agências de informação ou lugares de mercado em que as pessoas abastadas pudessem ir buscar servidores domésticos ou empregados comerciais ou industriais".

Ora, isso ocorreu justamente na cidade francesa de Lyon, importante centro fabril e mercantil (necessitada, pois, de mão de obra com certa instrução) e palco de frequentes revoltas operárias.

No território francês, outra tentativa de instrução elementar foi levada a efeito por João Batista de La Salle, que em 1684, fundou o Instituto dos Irmãos das Escolas Cristãs. Sua obra espalhou-se nos séculos seguintes, ampliando a área de ação pedagógica. Privilegiava o francês em detrimento do latim e optou por lições práticas para os alunos, que eram divididos em classes e separados por níveis de dificuldades.

Em consequência da maior articulação dos Estados, em vista de expressar suas identidades e por valorizar o direito da pluralidade cultural, o sistema escolar foi sendo estruturado de forma mais independente, e a Igreja passou a ter menor ou nenhuma influência, sobretudo na escola estatal. Os diversos segmentos culturais tiveram suas instituições escolares regularizadas, e gozaram de uma certa independência de operacionalizar suas propostas, assim como a própria tradição católica.

Como exemplo da reforma escolar austríaca de 1774, em maio desse ano, chegava a Viena Johann Ignaz Von Felbiger (1724-1788), o qual encontrou um clima favorável à reforma de toda a instituição escolar, da universidade (iniciada em 1753 por von Swieten) à escola popular. O abade Felbiger foi chamado pela rainha e, sob sua influência, a educação na Áustria tomou novo rumo. Esse pedagogo ensaiou, com a melhor sorte, interessantes ideias educativas. Agrupou os alunos por classes e pôs em prática, de maneira definitiva e consequente, o processo de ensino simultâneo ou coletivo e coral. Fez reiterado uso de recursos mnemotécnicos, recomendou o uso de tabelas e gráficos, com o propósito de ordenar os objetos estudados e de frequentes perguntas para certificar-se de que os alunos entenderam, a contento, os ensinamentos – catequização.[1]

Todo esse processo foi importante para que, na criação das escolas do império austro-hungáro, fosse finalmente criada, pela primeira vez na história da educação ocidental, a disciplina Ensino da Religião que originaria o Ensino Religioso. Por isso é importante compreender o contexto.

A imperatriz Maria Teresa da Áustria criou uma comissão da corte para os Estados, equivalente ao Ministério da Instrução, a qual ressaltava que a instrução é e sempre foi, em cada época, um fato político. Antes de sua gestão, a escola foi quase que totalmente um fato privado e eclesiástico, embora controlado pelo poder estatal.

O objetivo dessa reestruturação e extensão da instrução de base, a fim de combater a ignorância não só religiosa, mas também funcional, era ensinar a ler e a escrever e não mais somente o catecismo. A intenção era habilitar tecnicamente os alunos e iluminar a mente para formar um cidadão hábil, consciente e útil. Então, passa a ser função do mestre--escola formar um ser humano capaz, útil, membro do Estado, razoável, honesto, cristão, isto é, participante da felicidade temporal e eterna.

A religião era ensinada como forma de educar para a humildade, generosidade, paciência, equilíbrio e piedade. Na organização da escola infantil era a família que solicitava a presença de elementos religiosos, por fazer bem às crianças. Simultânea à formação desse honesto cidadão, propunha-se a formação do bom cristão, fiel, portanto, a Deus e ao imperador. O instrumento básico para essa área da educação era o catecismo, por meio do qual se realizava a instrução religiosa e também atuava como cartilha de alfabetização.

A área religiosa passa a ser concebida e estruturada como uma disciplina ao lado da leitura, escrita e elementos básicos da matemática. Alguns historiadores consideram essa iniciativa da imperatriz Maria Teresa o nascimento do Ensino Religioso. É importante recordarmos que essa regente foi responsável pela criação também da catequética, tendo em vista a formação do clero. Dentro desse sistema, os sacerdotes deveriam instruir o povo, na perspectiva do cidadão e do cristão, proporcionando inclusive a iniciação de agrimensura, em vista do trabalho agropastoril.

Nesse processo de organização da escola no império austro-húngaro, a Igreja participou e colaborou, mas quanto ao Estado, este não realizou tal iniciativa simplesmente pelo povo, mas com o princípio de tornar a escola um instrumento explicitamente de orientação popular. A compreensão de que a escola não é um espaço a ser usado pelas confissões religiosas para garantir ou para fazer novos fiéis transformou-se em polêmica. Algumas vezes, por forças políticas, mantinha-se esta ou aquela tradição religiosa e em outros tempos chegou-se a proibir as aulas de religião em escolas estatais. Paralelo a toda essa discussão, as escolas confessionais mantiveram essa disciplina. Ao longo da história do Ocidente, percebemos que o avanço da presença da Igreja junto aos diversos reinos, países, enfim, núcleo político, interferiu de forma significativa na compreensão de mundo e de ser humano, assim como na orientação moral e, portanto, na organização de valores sociais.

O imperador Frederico, o Grande, em 1794, no império austro-húngaro, sofreu oposição do clero e do povo, mas promulgou uma lei dizendo que todas as escolas públicas e instituições educativas foram declaradas como sendo instituições do Estado. Dessa maneira, todas as escolas, particulares ou não, deveriam estar sob o controle e a fiscalização do Estado, assim como todos os professores de ginásio e das escolas superiores foram considerados funcionários do Estado, a este cabendo a nomeação de tais professores. Nenhuma pessoa poderia ser excluída da escola pública por crença religiosa, nem se podia obrigar uma criança a receber instrução religiosa contrária à fé em que fora criada.

Um plano do ministério de Esto Pergen, de 1770, propunha um sistema de educação com base nas ordens religiosas. Uma nova comissão extraordinária para um novo plano de reforma data de 1773, com objetivo de uma futura orientação escolar. Pleiteando uma instrução universal guiada aos vários estados para a formação de um bom cristão católico e um súdito fiel, propunha a escolha e formação de professores competentes, a organização de estudos uniformes, completos, eficientes e estáveis e a preparação de textos adequados.

As escolas surgidas na Alemanha por inspiração da Reforma tendiam a buscar a universalização do ensino elementar, tendo em vista a divulgação religiosa. Ainda no século XVII continuou a existir essa tendência, que se contrapõe, portanto, ao ensino elitista dos jesuítas, predominantemente centrado no nível secundário. Em 1619, o ducado de Teimar regulamentou a obrigatoriedade escolar para todas as crianças de 6 a 12 anos. Em 1642, o Duque de Gotha legislou não só a respeito da educação primária obrigatória, como também quanto ao que regia os níveis, as horas de trabalho, os exames regulares e a inspeção. A seguir, em outras localidades, surgiram preocupações desse tipo, inclusive quanto à formação dos mestres.

No século XVIII, encontramo-nos diante o Iluminismo, corrente do pensamento que apregoava uma nova mentalidade, a qual destacou a liberdade individual e combateu o prejuízo da Reforma Protestante e do fanatismo religioso. Assistimos também ao desenvolvimento das ciências experimentais com Bacon, Galileu e Newton; do empirismo com Locke e os seus escritos sobre tolerância, além do racionalismo cartesiano. Na França, a expressão mais característica dessa fase é a publicação da Enciclopédia (1751-1780), estudo iniciado por D'Alembert e conduzido ao final por Diderot, destinado a recolher e divulgar o saber do tempo.

O movimento iluminista não é obra de uma classe social determinada, já que dele participaram aristocratas, eclesiásticos e também pessoas pertencentes à vida mais modesta. Alguns monarcas, diante dessa nova realidade, perceberam que, para o avanço de seus reinos, era necessário alterar a postura para condução de seus súditos, ou seja, era preciso investir neles, para alcançar maior poder, em todos os níveis, e também pesquisar novos progressos, que permitissem uma certa felicidade ao povo.

A instrução foi o caminho escolhido para atingir tais objetivos. Em tempos de mudança, a consciência do senso de nação vinha sendo maturada em torno da importância da educação, a qual exigia um sistema educacional nacional e a criação de uma escola pública aberta a todos. Decorrente disso, houve grandes transformações no século XVIII: a burguesia, até então, ocupava posição secundária na estrutura da sociedade aristocrática, cujos privilegiados eram dados à nobreza e ao clero; os burgueses, enriquecidos pela Revolução Comercial, ascederam graças à aliança com a realeza absolutista, já presente na política mercantilista, e sentiam cada vez mais bloqueada sua iniciativa. Em 1750, com a introdução da máquina a vapor, iníciou-se a Revolução Industrial, que alterou definitivamente o panorama socioeconômico, com a mecanização da indústria.

O século XVIII ficou conhecido como o *Século das Luzes*, do Iluminismo e da ilustração, o que significava o poder da razão humana de interpretar e reorganizar o mundo. Esse otimismo com respeito à razão vinha sendo prenunciado desde o Renascimento, na medida em que esse novo ser humano procurava valorizar os próprios poderes, lutando contra o teocentrismo próprio da Idade Média e contra o princípio da autoridade. Tais poderes são acrescidos no século XVII do racionalismo e da Revolução Científica, o que fez surgir um ser humano confiante, artífice do futuro, que não mais se contentava em contemplar a harmonia da natureza, mas queria conhecê-la e dominá-la.

Progressivamente, o Estado passou a ocupar-se da educação, como na Alemanha, sobretudo na Prússia, onde o governo reconheceu a necessidade de investimento nessa área, e a rede de escolas elementares, tornadas obrigatórias, foi ampliada. Houve, então, preocupação com o método e com o conteúdo de ensino, de modo que a escola no século XVIII passou a ser vista como elemento essencial ao crescimento da população e, portanto, da Coroa. Na monarquia dos Absburgos, nasceu uma escola confessional popular, junto com a sensibilidade das exigências civis, políticas e religiosas e organizou-se um sistema educacional.

6.2
Contexto do Ensino Religioso europeu nos séculos XIX e XX

No início do século XIX, na maior parte dos estados europeus, a presença do Estado no âmbito da educação praticamente inexistia. A taxa de analfabetismo era alta e a escola elementar era de propriedade da Igreja Católica. A oferta cultural dessas escolas limitava-se à prática de ler, escrever e contar. Entretanto, o ensinamento religioso e a educação moral ocupavam posto privilegiado.

Os colégios eram reservados em particular a jovens pertencentes às classes privilegiadas e os programas caracterizam-se por estudos humanistas. Em geral, somente advogados, médicos e estudantes de teologia recebiam uma formação especializada na universidade.

Mas, ao longo dos anos oitocentos, a situação se transformou profundamente. O Estado, que vinha progressivamente descobrindo o papel da escola como instrumento de domínio político e social, tomou medidas sempre mais significativas para organizar e controlar a educação, do que decorreram desencontros com a Igreja, que viu seu domínio desaparecer.

Aconteceu, então, progressivamente, uma pedagogização da sociedade. Com o nascimento dos Estados Modernos e da sociedade burguesa, articulou-se, de fato, a instituição escolar e um projeto social em torno de uma preocupação com a cultura e com as ciências. A sociedade investiu em um projeto educativo mais articulado e complexo para formar um ser humano cidadão, e a Igreja preocupou-se em explicitar o cristão.

Cada vez mais foi explicitada a necessidade de escolas, o que tomou atenção dos governantes, a fim de ser possível coordenar, por meio dessa instituição, a ordem social. Ao lado da escola está a família, vista como instituição educacional primária e natural, mas que deve agir para o bem da sociedade, segundo um modelo mais racional, uniforme e construtivo.

A Igreja, que até então dominava o sistema educacional existente, viu-se diante de um novo esquema: a laicização da escola e o aumento das classes populares no sistema educacional, pois o Estado, por meio dessa forma de presença social, tentou orientar sua população segundo seus interesses.

Com o fenômeno da urbanização acelerada, decorrente do desenvolvimento do capitalismo industrial, criou-se uma forte expectativa com relação à educação, pois a complexidade maior do trabalho exigiu melhor qualificação da mão de obra. Já no século anterior ocorreram tentativas de universalização do ensino. Mas foi somente no século XIX que tais esforços se concretizam com a intervenção do Estado cada vez maior, no sentido de estabelecer a escola elementar universal, leiga, gratuita e obrigatória. Ao lado da ampliação da escola elementar, houve a reorganização da escola secundária, que permaneceu clássica e propedêutica quando se destinava à elite burguesa e tornava-se técnica para a formação do trabalhador diferenciado da indústria e do comércio.

Ao longo desse processo, assistimos às resistências da instituição Católica, progressivamente excluída de seus tradicionais domínios geográficos e ideais, isto é, do Estado e da função da assistência e da instrução. Mas ela não abandonou a antiga polêmica, já travada contra os luteranos, os iluministas e a Revolução Francesa, sobre os dois temas: a escola e a imprensa.

Nesse cenário, a questão religiosa na escola continuou causando inúmeros debates, especialmente diante da busca da ampla liberdade dos indivíduos, construída ao longo dos séculos XIX e XX, que culminou com a Declaração dos Direitos Humanos, homologada em 1948 pela Assembleia Geral das Nações Unidas. Entre os itens dessa declaração, é afirmado o direito à liberdade religiosa (art. XVIII) e a obrigatoriedade da instrução (art. XXVI), aspectos que favorecem a discussão sobre o Ensino Religioso como um componente no currículo, em vista da formação de uma geração aberta ao diálogo e a novas relações socioculturais.

Esses artigos expressam, na realidade, um antigo sonho de plena liberdade das pessoas poderem assumir suas opções de vida, como foi proposto na Declaração de Direitos do Bom Povo de Virgínia (EEUU, 12 de junho de 1776)* e na Declaração dos Direitos do Homem e do Cidadão (França, 26 de agosto de 1789)†.

O panorama internacional, sobretudo no século XX, sofreu profundas e rápidas alterações. A própria Igreja Católica, como outras instituições, de forma tranquila ou impulsionada por esses novos momentos, também ressignificou sua presença, assim como a escola e, de alguma forma, o Ensino Religioso, pois em meio a tantos conflitos ideológicos e contrastantes de sistemas, foram sendo impostas novas formas de busca do transcendente, desde a completa negação até profundas experiências místicas.

Ao longo do século XX, o eixo do Ensino Religioso se alterou entre os aspectos do conteúdo, da metodologia e do sujeito, entretanto uma forte corrente explicitou que seria importante, na realidade, pôr em relevo o espaço, ou seja, a escola, pois os elementos anteriormente citados são significativos, mas conforme o espaço em que estão sendo orientados, assumem perspectivas diferenciadas.

Com certeza, o Ensino Religioso é uma área que muito ainda deve sofrer significativas alterações, em consequência das influências tanto no campo político como pedagógico, em diversos países.[2]

* Para ver na íntegra a Declaração de Direitos do Bom Povo de Virgínia, de 12 de junho de 1776, acesse: <http://www.dhnet.org.br/direitos/anthist/dec1776.htm>.
† Para ver na íntegra a Declaração de Direitos do Homem e do Cidadão, de 26 de agosto de 1789, acesse: <http://www.direitoshumanos.usp.br/counter/Doc_Histo/texto/Direitos_homem_cidad.html>.

No cenário internacional, o modelo interconfessional é executado em algumas regiões e ainda é visto como um grande avanço, pois encontra-se com uma proposta confessional, embora a realidade dos estudantes e seus questionamentos conduza a uma revisão dessa postura. Por exemplo, os jovens europeus que frequentam desde a educação básica até a universidade, cada vez mais são encaminhados para a escola, em consequência da ausência da família. Outra característica é o aumento significativo do período obrigatório de permanência do estudante no ambiente escolar, já que a escolaridade obrigatória chega aos 16 anos ou mais. Existe ainda uma redução da população na escola elementar, assim como uma duplicação da população universitária.

Outro aspecto percebido na escola é uma rápida evolução dos valores éticos de uma geração a outra, ou seja, em lugar de valores tradicionais, surgem novos valores. A família, em consequência de suas necessidades, está cada vez mais ausente na vida dos filhos, de maneira que a transmissão de valores, assim como da educação religiosa, é passada a outros espaços, quando ocorre.

Ao mesmo tempo em que é perceptível uma grande sede de espiritualidade, para dar um sentido à vida, temos a multirreligiosidade, que nada mais é que a busca de espaços religiosos que ajudem a encontrar uma resposta para as questões existenciais. O nomadismo espiritual e o sincretismo fragmentam e inibem a pertença religiosa, ao passo que a própria imagem de Deus desenvolve-se de forma diversa nesses jovens pós-cristãos, em direção a um divino sem rosto e sem nome, como uma mística cósmica, do tipo *new age*, na qual todas as religiões se equivalem. Os jovens que participam das aulas de religião declaram não ser religiosos, mas estão à procura de um sentido para a vida e estão carentes de uma espiritualidade. É perceptível o aumento da necessidade de distinguir a disciplina de Ensino Religioso da catequese e ajudar os jovens em suas questões existenciais.

Para prosseguir nesse percurso, veremos, a seguir, as diferentes regiões da presença do Ensino Religioso.

6.3 Ensino Religioso no contexto da Comunidade Europeia

INICIALMENTE, É INTERESSANTE COMPREENDER ESSE contexto, inclusive a ideia de Europa que, em sua diversidade de línguas e de tradições, constitui uma realidade, ao menos desde o tempo de Carlos Magno, quando esse continente se tornou a *res publica christiana*.

Não é possível compreender a história do homem do Ocidente sem essa região do planeta, que interferiu de forma significativa nas Américas, Ásia, África e Oceania. A Europa sobreviveu a inúmeras batalhas, sendo que a mais recente, em termos globais, foi a Segunda Guerra Mundial.

Em 1929, nasceu a ideia de uma União Europeia, com o ministro do exterior francês Aristide Briand, ideia retomada em 1941, com o manifesto por uma Europa unida e livre, publicada pelos italianos Altiero Spinelli e Ernesto Rossi. Mas foi pelo tratado de Maastricht, Tratado sobre a União Europeia, em fevereiro de 1992, que a proposta tornou-se realidade.

O conselho europeu, desde sua criação, no campo da educação procura reforçar a sensibilidade de seus Estados-membros pela busca do conhecimento e respeito pelas diferenças, como fator de força, a fim de chegar a um sentido de comunidade. A multiplicidade cultural não é um problema, mas algo de significativa importância. A escola, assim como os meios de comunicação, passaram a ser espaço de difusão dessas ideias.²

A escola passou a assumir posições que antes pertenciam a outras instituições, como a família. Por exemplo, na formação de valores, a escola de alguma forma encarregou-se de orientar a formação das novas gerações: educar para a convivência democrática; promover o respeito aos direitos humanos; desenvolver a consciência da multiplicidade dos valores; sensibilizar para a necessidade de prevenir todas as formas de agressão; tomar posição perante o problema da migração; aprender a dominar novas línguas, portanto novas culturas; respeitar as diversas formas de opção religiosa.

A questão do ensino religioso nesse contexto é muito complexa. Convém recordar que, na realidade, já no final do século XIX, a Europa havia iniciado um movimento de novo referencial para a educação religiosa, focalizando não somente o conteúdo doutrinal, mas também o sujeito e o processo pedagógico.

Nos países de língua alemã surgiu a pedagogia religiosa, denominada *Religionspädagogie*. O primeiro a ocupar-se dessa nova situação foi Joseph Göttler (1874-1935), considerado o fundador da pedagogia da religião como ciência autônoma, um expoente do Método de Munique, que trabalhou com o referencial pedagógico de Herbart. Outro nome significativo foi, com certeza, Otto Willamann, pedagogo que organizou os conteúdos segundo a base da psicologia das idades. Por mais de vinte anos ele foi o diretor da Katechetische Bläter (DKV), órgão oficial da Associação Catequética Alemã, que nasceu em Munique, em 1887, com a preocupação básica da pedagogização dessa área do conhecimento religioso.

A questão religiosa assumiu então novas perspectivas, inclusive a do homem europeu que busca algo para dar sentido à sua vida, sem que isso signifique necessariamente pertencer a uma instituição (como bem reflete a expressão *believing without belonging*), o que promoveu uma alteração na relação das Igrejas com os Estados. Esse posicionamento tornou-se mais complexo devido à longa história religiosa de cada um desses países. A disciplina Ensino Religioso bem ilustra essa diversidade, pois nela encontramos as seguintes orientações:

- Transconfessional: informação objetiva sobre o fenômeno religioso e sobre a confessionalidade do país (Inglaterra e País de Gales, países escandinavos e algumas regiões da Suíça), especialmente de tradição luterana.

- Confessional: dirigida pela Igreja como iniciação à fé (Áustria, Bélgica, Alemanha, Irlanda, Luxemburgo, Malta, Itália).

- Não confessional: propõe valores éticos da cultura europeia (Holanda, Dinamarca, Portugal, regiões da Suécia, Liechtenstein).

A Holanda, a partir de 1989, adotou como ensino religioso uma disciplina intitulada *Visão da Vida*. No ensino médio e na escola elementar, denominava-se *Correntes de Espiritualidade*.

Dentro desse contexto encontra-se o Fórum Europeu para o Ensino Religioso, que é o encontro de professores dos diversos segmentos da escola elementar e média, pesquisadores, professores das universidades para formação de docentes e autores de livros. Esses integrantes são católicos e, como grupo, sentem dificuldade em abrir o Fórum numa perspectiva ecumênica. Reúnem-se a cada dois anos, com o objetivo de partilhar as diversas realidades de seus países, aprofundar temas previamente estabelecidos e indicar pesquisas em âmbito local ou continental. A proposta de iniciar esse tipo de evento foi inspirada em uma atividade já existente, o Fórum de Catequetas (especialistas em Catequese), que se encontram bianualmente desde 1950.[46]

O continente europeu assistiu, então, nas últimas décadas, à entrada de um grande número de novas religiões não cristãs, que promoveram iniciativas de reforma no sistema escolar. O movimento de mudança advém das próprias escolas, provocadas por reações dos estudantes com essa nova sensibilidade. Na Bélgica flamenga, um documento de 1997, que trata do ensino intercultural, lançou um desafio à catolicidade da escola, uma vez que tematiza a diferença cultural e da tradição religiosa dos alunos. Para aprimorar a educação, também os bispos da Inglaterra apresentaram o texto *Catholic Schools and other Faiths*, em 1997, sobre o pluralismo presente nas escolas católicas, anglicanas ou públicas, abordando a necessidade de uma informação inter-religiosa, bem como o estímulo para que os alunos se aproximem de sua fé.

Na Alemanha, pelo contrario, a Conferência Episcopal lançou, em 1996, o texto *Die bildende Kraft des Religionsunterrichts*, reforçando a necessidade irredutível da confessionalidade no Ensino Religioso. Entretanto, por iniciativa do parlamento regional de um dos estados alemães, Brandeburgo, no ano de 1997 foi criada uma disciplina nova, dita *Ciência da Vida, Ética e Religião*, com o objetivo de assegurar uma base para uma concepção da vida, inspirada nos valores, no conhecimento da tradição ético-filosófica e base para a formação do juízo moral, não sem o conhecimento da religião e visão do mundo. A decisão muito contrastou com o plano jurídico e pedagógico das autoridades católica e evangélica e do partido democrata-cristão, e foi motivada pela grande quantidade de estudantes sem uma pertença religiosa e aos pais ateus, que nasceram e cresceram no clima antirreligioso da Alemanha democrática (comunista). Tal proposta, contudo, não exime nem proíbe que as paróquias cristãs realizem seu trabalho com os batizados.

Caso parecido está acontecendo na Áustria. Os estudantes que não querem o curso de religião católica por obrigação podem escolher um curso de Ética ou de Educação aos Valores, dirigido por professores de filosofia. Na Espanha, já desde de 1994, o Ministério da Educação sugeriu uma disciplina alternativa ao Ensino Religioso, no ensino médio: um curso denominado *Sociedade, Cultura e Religião*, que propõe elementos de história da religião, da origem hebraico-cristã da cultura e de história do cristianismo com fundamentação ética.

Luxemburgo, Bélgica e os estados alemães oferecem a Ética Não Confessional, como matéria alternativa. Na Holanda, foi introduzido um estudo comparado das diversas filosofias de vida, religiosas ou não. A Inglaterra propõe um ensino obrigatório transconfessional, e os países escandinavos, um ensinamento histórico-objetivo de tradição luterana.

Buscamos compreender como essas disciplinas já existentes, seja as de cunho religioso-simbólico ou as de cunho cultural crítico, poderão contribuir para o enfrentamento do novo problema religioso. Somente a França permanece fora desse processo, pois, por lei, não é permitido nenhum tipo de ensino religioso no país. Com isso, torna-se mais difícil que muitos franceses compreendam sua própria cultura. A situação está tão séria que, em 1997, o Ministério da Educação e da Cultura realizou seminários em colaboração com a Escola do Louvre sobre "Formação para a dimensão religiosa e o patrimônio cultural", como busca de uma cultura religiosa interdisciplinar. Com efeito, como pode alguém que desconhece os fundamentos religiosos da cultura europeia apreciar as riquezas de seus templos e museus?

A Europa encontra-se como que num contraditório mosaico, pois, mais do que em qualquer outra região do Ocidente, religião e cultura estão interligadas e, ao mesmo tempo, cresce a indiferença pelas instituições religiosas oficiais e é notória a busca por outro tipo de sentido para a vida.

Nesse processo, a educação europeia deve ser reavaliada, e um novo repensar deve-se realizar igualmente em relação ao ensino religioso, como elemento escolar formador e educativo.

Em vários países da Europa, que fazem parte da comunidade européia, esse componente curricular assume um perfil confessional, que, progressivamente, vem adquirindo uma identidade cultural e histórica e que orienta a organização do ensino religioso, para que seja coerente com o retrato pedagógico da concepção pedagógica dos diferentes países daquela comunidade.

O ensino religioso, naquele continente, torna-se complexo, diante de uma comunidade historicamente difícil, em virtude da secularização, da redução da população dos países de origem, bem como pelo aumento de uma nova juventude de imigrantes, especialmente os muçulmanos. Em razão desses aspectos, há que se criar um novo perfil para o ensino religioso.

A discussão internacional tem demonstrado que o ensino religioso somente contribuirá para o desenvolvimento das crianças e jovens, se estes puderem, em primeiro lugar, compreender a sua própria tradição religiosa, e também se for criado um clima de respeito e reconhecimento entre os cidadãos, com suas tradições e etnias em todos os campos da cultura, inclusive a religiosa. Ao mesmo tempo, é notória a necessidade e a urgência de que o ensino religioso torne-se objeto de estudos sistemáticos, de um processo pedagógico de reflexão para que se sustente como um componente curricular.

Quadro 2 – O Ensino Religioso na Europa

País	Base legal	Característica curricular	Confissão e religião ensinada	Matéria alternativa	Estatuto do professor	Notas
Alemanha	Constituição de 1949. Parte entre Igreja e os Länder, leis regionais. Carta Islâmica de 2002.	Matéria ordinária e obrigatória.	Protestante, católica. Curso de religião hebraica e islâmica.	Ética: norma e valores. História da religião.	Tarefa estatal. *Mission canônica*, o *vocatio*.	Iniciativa local; cooperativo, confessional, desconfessional.
Áustria	Leis de 1949 e 1988. Concordato de 1962.	Obrigatório com possibilidade de exoneração. Facultativo nos cursos profissionais.	Católica (84%), protestante, hebraica, islâmica e budista.	Nenhuma iniciativa local a descrever.	Tarefa estatal. Habilitação e idoneidade das respectivas igrejas.	–
Espanha	Constituição de 1978, Concordato de 1979; Acordos de 1992, Convenções de 1996; Lei de qualidade de 2002 (projeto).	Facultativo, com possibilidade exoneração.	Católica, hebraica, evangélica, islâmica.	Sociedade, cultura e religião.	Habilitação e idoneidade eclesial, garantia estatal (DM 9.4.1999).	Em estudo (2002), a hipótese de uma opção obrigatória. ER confessional e outro curso alternativo.
França	Leis de 1880, 1882,1905; Debré 1959, Lang-Debray 2002.	Nenhum ER salvo os libere aumôneries na secundária, na Alsazia-Lorena o ER confessional (4 cultos) em opção.	Dimensão religiosa nos saberes escolares, na Alsazia-Lorena: católica, luterana, reformada, hebraica.	–	Aumonier. O pastoral. Tarefa estatal na Alsazia-Lorena.	O Ensino Religioso é presente na escola.
Inglaterra e País de Gales	Ato de Educação 1944 e 1988.	Obrigatório com facultativo de exoneração.	Multifaith religious education, com prioridade a outras tradições cristãs.	–	Tarefa estatal, estudos religiosos em institutos superiores.	Análogo a normas da Escócia e da Irlanda do Norte.

(continua)

(Quadro 2 – conclusão)

Itália	Concordato de 1984 e Instas de 1985, interesse com cada culto reconhecido.	Assegurado pelo Estado, facultativo para cada aluno.	Católica com informações integrativas sobre outras religiões.	Nenhuma iniciativa local à descrição de cada escola.	Habilitação e idoneidade eclesiástica.	Prevalece no sistema escolar católico.
Portugal	Concordato de 1940 e revisão de 1975 – reformas escolares 1996.	Facultativo da materna a superior.	Educação moral e religiosa católica (EMRC).	Desenvolvimento pessoal e social.	Trabalho estatal. Habilitação e idoneidade eclesiástica.	–

A situação do Ensino Religioso como componente curricular no contexto da comunidade europeia sofre contínuas alterações em seu processo, a partir das novas exigências do sistema escolar desses países.

6.4
Ensino Religioso no cenário da América Latina Espanhola

ENQUANTO ISSO, NA AMÉRICA LATINA, em decorrência do projeto político-religioso implantado pelos colonizadores ibéricos, em geral, só encontramos nas dispersas estruturas escolares as aulas de religião, como formas historicamente sobreviventes daquele projeto de dominação cultural do continente. Nos países dominados pela Espanha, a presença da educação religiosa no âmbito educacional está vinculada à assimilação da cultura hispânica, centrada na afirmação da religião católica, com a imposição desse credo religioso.[46] Em decorrência do processo histórico, a disciplina assume um perfil confessional nos países hispano-americanos. Percebemos, contudo, algumas diferenças importantes entre eles.

Os dados do Conselho Episcopal Latino-Americano (Celam), referentes a 1999, mostram que a base legal para essa disciplina é:

- inscrita na Constituição: Costa Rica, Brasil, Panamá; Venezuela, El Salvador, Colômbia, Peru e Bolívia;
- elemento presente em Concordata: Colômbia, Peru e República Dominicana;
- objeto de Leis de Educação: Venezuela, Argentina, Colômbia, Equador, Peru, Brasil, Bolívia, Chile, Costa Rica e República Dominicana;
- objeto de Decretos sobre o Ensino Religioso: Colômbia, Chile, Peru, Bolívia, Costa Rica e Brasil (neste, trata-se de decretos estaduais);
- estabelecida em convênios e acordos: Bolívia, Venezuela, Colômbia, Equador e Peru.

Geralmente, é uma disciplina obrigatória para o Estado e optativa para os alunos. Nos países de língua espanhola a oferta é, normalmente, por confissão religiosa. Em certos países, como Argentina e El Salvador, existe uma possibilidade dos que não frequentam o Ensino Religioso terem aulas sobre Ética. Mesmo com essa tradição, existem movimentos para repensar o domínio religioso sobre os estudantes, pois nesses países, mesmo com uma cultura católica, a presença da valorização das comunidades indígenas e a chegada de novos grupos religiosos está se alterando seu cenário cultural.[31]

6.5
Ensino Religioso no cenário canadense

Na América do Norte destaca-se o caso da província autônoma do Quebec, no Canadá[2], onde, desde 1º de junho de 2000, as escolas públicas perderam o tradicional *status* confessional. No ano escolar de 2002-03, uma nova disciplina, chamada *Ética e Cultura Religiosa*, tornou-se obrigatória no segundo ciclo do secundário, e não mais era dirigida pelas igrejas. Substituiu a precedente disciplina de Religião Confessional (católica ou protestante). Foi estabelecida pela Lei Governamental nº 118, de 14 de junho de 2000, votada pela Assembleia Nacional de Quebec como "resposta à diversidade de moral e religiosa". Essa decisão do governo é consequência de cinco anos de debates, tanto no campo político como na opinião pública, provocados pela tensão entre as forças confessionais e a tendência laicista. Nada menos que 60 grupos de base, vários organismos leigos e confessionais e centenas de especialistas foram interpelados pelo Ministério da Educação, que, por sua vez, recebeu 254 relatórios e milhares de correspondências.

Para poder implantar essa proposta, o governo de Quebec solicitou e obteve do governo federal autorização para modificar a Constituição Canadense, que previa um sistema escolar com base confessional (escolas públicas protestantes, em sua maioria anglofônicas, e escolas públicas católicas, em geral francofônicas). Em vez daquele critério, o sistema escolar passou a ser organizado pelo critério linguístico (escola de língua inglesa ou francesa).

Quanto ao Ensino Religioso, na escola primária e no primeiro ciclo da secundária resta a possibilidade de três opções já existentes em precedência: uma disciplina de Moral e Religião Católica, uma disciplina de Moral e Religião Protestante ou uma disciplina de Moral Natural, mas com uma redução de 40% (na primária) e de 50% (no primeiro ciclo da secundária). Todos os estudantes (entre 16 e 18 anos) possuem uma única disciplina obrigatória de Ética e Cultura Religiosa, mas já se discute a organização de um programa local, de característica ecumênica, de estudo sobre tradições religiosas. De todo modo, o tradicional serviço de "animação pastoral" na escola vem desconfessionalizado e convertido em "animação comunitária geral".

A base dessa virada histórica está em fenômenos e processos sociais bem notados, como a reação ao clericalismo precedente e à secularização avançada, em clima de liberdade desenfreada, bem como a necessidade de uma nova coesão social em uma situação de pluralismo crescente.

A Assembleia dos Bispos de Quebec compreendeu a nova situação e a importante virada na educação religiosa dos jovens. A formação catequética não pode mais ser colocada na escola. A lei é clara sobre essa questão, mas ainda resta reconhecer a escola pública pela sua grande contribuição, dada no passado, à educação religiosa, embora no novo sistema, a religião seja reconhecida como contribuição cultural. Resta também que se invistam recursos na formação de professores em disciplinas tradicionais e aconfessionais.

A expansão dos grupos religiosos orientais, a valorização das culturas autóctones, assim como a possibilidade de exercitar a liberdade de crença, ou mesmo o descrédito nas instituições em consequência da ação de seus líderes repercute junto às comunidades e às gerações que se formam, questionando práticas e formas de celebrar o transcendente.

Não existe uma perda da espiritualidade, mas o descontentamento com as instituições, como uma desinstitucionalização religiosa. Ao mesmo tempo percebe-se um retorno aos fundamentos das religiões, o que gera grupos fundamentalistas e o rompimento do diálogo inter-religioso em nome da manutenção da identidade dos grupos religiosos.

Mas mesmo diante desse quadro não é possível considerar o papel do universo religioso na formação das sociedades, seja ela ocidental ou oriental. Histórias e espaços foram construídos ou destruídos em nome de algo que transcende o ser humano. Ignorar esses fatos é não valorizar os diferentes percursos dos indivíduos e das comunidades, pois em alguma parte do planeta algo está sendo construído ou destruído neste momento em nome de Deus. Logo, permitir que crianças e adolescentes reflitam sobre essa temática é, no mínimo, educá-los para expressar novas relações – é o que pretende o Ensino Religioso na perspectiva da escola.

Síntese

O Ensino Religioso, criado no século XVIII, entra no contexto da escola, que passa a ser orientada pelo Estado. Inicialmente essa disciplina possui um perfil relacionado à religião hegemônica do país. Mas, ao longo dos séculos, e com as conquistas do povo e os novos direitos alcançados, a questão religiosa nas escolas assumiu um caráter polêmico. Nos países da comunidade europeia as fortes tradições ainda se fazem presentes nas decisões que orientam essa área. Na América Latina, a força da Igreja Católica ainda persiste na influência de uma confessionalidade determinante, enquanto no Canadá existe uma discussão que busca a leitura de uma cultura religiosa como a proposta brasileira, mas ainda será um tema de longas reflexões a presença dos temas religiosos no espaço escolar.

INDICAÇÃO CULTURAL

LUTERO. Direção: Eric Till. Produção: Dennis A. Clauss; Brigitte Rochow; Christian P. Stehr; Alexander Thies. Alemanha: Casablanca Filmes, 2003. 121 min.

Lutero é um dos responsáveis pela mudança na concepção de educação no mundo moderno, Ao questionar o papel do domínio religioso sobre a cultura alemã, esse monge interferiu na alteração da visão de mundo de colonos e nobres. O papel da religião na formação cultural religiosa de uma comunidade é um dos objetivos propostos pelo modelo brasileiro de ensino religioso, mas que tem suas origens muito antes de 1997. Ao conhecer a história de Martin Lutero conhecemos uma parte da revisão do papel religioso na sociedade.

ATIVIDADES DE AUTOAVALIAÇÃO

Para as questões que seguem, marque (V) para verdadeiro e (F) para falso. Depois assinale a alternativa que apresenta a sequência correta.

1 O objetivo da estruturação e da extensão da instrução de base, a fim de combater a ignorância não só religiosa, mas também funcional, era ensinar a ler e a escrever e não mais somente o catecismo, pois:

( ) habilitar tecnicamente os alunos e iluminar a mente para formar um cidadão hábil, consciente e útil passa a ser função do mestre-escola, cujo ofício é formar um ser humano capaz, útil membro do estado, ser humano razoável, honesto, cristão, isto é, participante da felicidade temporal e eterna.

( ) habilitar tecnicamente os alunos e iluminar a mente para formar um cristão hábil, consciente e útil passa a ser função do mestre-escola, cujo ofício é formar um religioso capaz, útil membro do estado, ser humano razoável, honesto, cristão, isto é, participante da felicidade temporal e eterna.

( ) doutrinar tecnicamente os alunos e treinar a mente para formar um cidadão hábil, consciente e útil à igreja passa a ser função do mestre-escola, cujo ofício é formar um ser humano capaz, útil membro aos clérigos, ser humano razoável, honesto, cristão, isto é, participante da felicidade temporal e eterna.

( ) doutrinar teoricamente os alunos para formar um cidadão hábil, consciente e útil à igreja passa a ser função do mestre-escola, cujo ofício é formar um ser humano capaz, útil membro aos clérigos, ser humano razoável, honesto, cristão, isto é, participante da felicidade temporal e eterna.

( ) doutrinar teoricamente os fiéis, para formar um cristão hábil, consciente e útil à igreja passa a ser função do catequista, cujo ofício é formar um ser humano capaz, útil membro aos clérigos, ser humano razoável, honesto, cristão, isto é, participante da felicidade temporal e eterna.

A) F, F, F, V, F
B) V, F, V, F, F
C) V, F, F, F, F
D) V, F, V, V, V

2. A questão religiosa assume agora novas perspectivas, inclusive a do homem europeu que busca algo para dar sentido à sua vida, sem que isso signifique, necessariamente, pertencer a uma instituição religiosa como era de consenso no século XVIII, o que está promovendo:

( ) uma aproximação na relação das igrejas com os estados. Esse posicionamento forma uma dependência dos países com a definição de religiões oficiais devido à longa história religiosa de cada um desses países. A disciplina de Ensino Religioso bem ilustra essa busca.

( ) uma alteração na relação de dependência entre os indivíduos e as igrejas. Esse posicionamento torna-se mais complexo devido à longa história religiosa das famílias, exigindo um retorno aos fundamentos doutrinais. A disciplina de Ensino Religioso bem ilustra essa busca.

( ) uma alteração na relação das igrejas com os estados. Esse posicionamento torna-se mais complexo devido à longa história religiosa de cada um desses países. A disciplina de Ensino Religioso bem ilustra essa diversidade.

( ) uma integração na relação de dependência entre os indivíduos e as igrejas. Esse posicionamento torna-se mais complexo devido à longa história religiosa das famílias, exigindo um retorno aos fundamentos doutrinais. A disciplina de Ensino Religioso bem ilustra essa busca.

( ) uma integração na relação de dependência entre os fiéis e as igrejas. Esse posicionamento torna-se mais complexo devido à longa história religiosa das famílias.

A) F, F, F, V, F
B) F, F, V, F, F
C) V, F, F, F, F
D) V, F, V, V, V

3 Ao longo do século XX, o eixo do Ensino Religioso modificou-se no que se refere aos aspectos do conteúdo, da metodologia e do sujeito; entretanto, uma forte corrente explicitou que seria importante pôr em relevo, na realidade, o espaço, ou seja:

( ) a escola, pois, conforme o espaço em que estão sendo orientadas, as disciplinas assumem perspectivas diferenciadas.

( ) as comunidades religiosas, pois, conforme o espaço em que estão sendo orientadas, as disciplinas assumem perspectivas diferenciadas.

( ) os interesses do Estado, pois, conforme o espaço em que estão sendo orientadas, as disciplinas assumem perspectivas diferenciadas.

( ) a escola, pois, conforme o espaço em que estão sendo orientadas, as disciplinas assumem perspectivas integradoras.

( ) a paróquia como um espaço educacional.

A) F, F, F, V, F
B) F, F, V, F, F
C) V, F, F, F, F
D) V, F, V, V, V

4 Quando, em 1948, a Assembleia Geral das Nações Unidas homologou a Declaração Universal dos Direitos Humanos, um novo marco no desenvolvimento das ideias contemporâneas foi assinalado. Entre os itens dessa declaração, afirma-se o direito à liberdade religiosa (art. XVIII) e a obrigatoriedade da instrução (art. XXVI), aspectos estes que:

( ) favorecem a discussão sobre o Ensino Religioso como um componente do currículo, em vista da formação de uma geração aberta ao diálogo e às novas relações socioculturais.

( ) dificultam a discussão sobre o Ensino Religioso como um componente do currículo, em vista da formação de uma geração aberta ao diálogo e às novas relações socioculturais.

( ) favorecem a discussão sobre o Ensino Religioso como um componente do currículo, em vista da doutrinação de uma geração aberta ao segmento de uma tradição religiosa.

( ) interferem na discussão sobre o Ensino Religioso como um componente do currículo, em vista da reflexão de uma geração aberta ao segmento de uma religião.

( ) mediam a discussão sobre religião como um componente doutrinal em vista da doutrinação.

A) F, F, F, V, F
B) F, F, V, F, F
C) V, F, F, F, F
D) V, F, V, V, V

5 A discussão internacional tem demonstrado que o ensino religioso somente contribuirá para o desenvolvimento das crianças e dos jovens, se estes puderem, em primeiro lugar, compreender a sua própria tradição religiosa, e também se for criado um clima de respeito e reconhecimento entre os cidadãos, com suas tradições e etnias em todos os campos da cultura, inclusive a religiosa. Essa é uma afirmativa:

( ) indiferente.
( ) pertinente.
( ) a ser desconsiderada.
( ) divergente.
( ) convergente.

A) F, F, F, V, F
B) F, F, V, F, F
C) V, F, F, F, F
D) F, V, F, F, F

Atividades de Aprendizagem

Questões para Reflexão

1 O Ensino Religioso, como elemento curricular, originou-se quando o Estado assumiu o papel de organizar a escolarização. No primeiro momento, ocorreu a incorporação do modelo realizado nas comunidades religiosas no cotidiano escolar, como consequência da forte influência das igrejas cristãs sobre as sociedades. Entretanto, quando os países reconheceram o direito à livre opção religiosa e filosófica, foi necessário uma alteração nesse componente curricular, mesmo contrariando lideranças de grupos religiosos que compreendem a escola como suplência das comunidades.

Elabore uma carta para lideranças religiosas locais, argumentando em favor de um ensino religioso que permita aos estudantes compreender a diversidade cultural religiosa de sua região, para melhor poder dialogar e conviver nesse espaço da diversidade, uma vez que a escola não assume o papel de suplência eclesial.

2 A partir dessa reflexão e do filme sobre Lutero, vamos aprofundar a questão da interferência da religião sobre a educação no século XXI. De que forma a religião e a sociedade se organizam? Elabore um texto que evidencie esse seu estudo e análise.

Atividade Aplicada: Prática

Ao longo deste livro foram apresentados diversos fatos e datas históricas, organizados com a clara intenção de refazer o caminho das origens do Ensino Religioso, inicialmente como aula de religião, até a proposição de uma disciplina desenvolvida no contexto escolar. A proposta para finalizar este estudo é que você organize uma linha do tempo, reunindo datas e fatos como um resumo desse caminho. Estabeleça a relação datas-fatos e construa a linha histórica, desde as aulas de religião até o ensino religioso fenomenológico.

Considerações finais

A PARTIR DA HISTÓRIA, DAS leis, podemos compreender as concepções do Ensino Religioso, mas especialmente a proposta fenomenológica, pois o professor de Ensino Religioso, ao longo dos últimos anos, vem realizando um processo de reflexão a partir da situação do país. Como consequência, compreendeu que o percurso a ser escolhido era a escolarização desse componente do currículo. O Ensino Religioso passou a fazer parte da base nacional comum, referindo-se ao conjunto de conteúdos mínimos das áreas de conhecimento articulados aos aspectos da vida cidadã.

Dessa forma, o Ensino Religioso, como área de conhecimento, ocupa-se das noções e conceitos essenciais sobre fenômenos, processo, sistemas e operações que contribuem para a constituição de saberes, conhecimentos, valores e práticas sociais indispensáveis aos exercícios de uma vida de cidadania plena. Entre as características da formação do cidadão está a possibilidade de cada um expressar-se livremente, podendo apresentar suas ideias em todos os campos. Uma das consequências dessa liberdade é a mudança de referencial, ou seja, de uma sociedade homogênea para a convivência com o pluralismo social, cultural e religioso. A partir desses pressupostos, o modelo proposto para esta disciplina, como resultado de todo esse esforço, é o fenomenológico, estabelecido no momento em que a nação se confrontava com as consequências políticas de uma economia neoliberal, um subjetivismo cultural e uma onda de concepção religiosa pentecostal carismática.

Essa nova concepção permite a professores e alunos compreenderem, cada vez mais, o espelhamento da sociedade da qual fazem parte e seus mecanismos de mediações, condições essenciais para o início de mudanças concretas. E o Ensino Religioso, percebido e aplicado como componente da educação, contribuirá e muito na formação da vida de cidadania dos educandos, pois os conhecimentos gerados pelas tradições religiosas sempre estiveram direcionados para a formação do homem integral, dando-lhes uma base ético-humanizadora, elemento tão carente neste modelo social, cujo fundamento essencial passou a ser o econômico.

Referências

1 ALVES, Luíz Alberto Sousa; JUNQUEIRA, Sérgio Rogério Azevedo. *Educação Religiosa*: construção da identidade do Ensino Religioso e da Pastoral Escolar. Curitiba: Champagnat, 2002.

2 BRAIDO, Pietro. Lineamenti di Storia della Catechesi e dei Catechismi – Dal "tempo delle riforme" all'età degli imperialismi: 1450-1870. Leumann, To: Elle di Ci, 1991.

3 BRASIL. *Coleção das Leis da República dos Estados Unidos do Brasil*. Rio de Janeiro: Imprensa Nacional, 1931. v. 1.

4 _____. Constituição da República dos Estados Unidos do Brasil, de 16 de julho de 1934. *Diário Oficial [da] República dos Estados Unidos do Brasil*, Poder Legislativo, Rio de Janeiro, RJ, 16 jul. 1934. Disponível em: <https://www.planalto.gov.br/ccivil_03/Constituicao/Constitui%E7ao34.htm>. Acesso em: 16 jun. 2008.

5 _____. Constituição da República dos Estados Unidos do Brasil, de 18 de setembro de 1946. *Diário Oficial [da] República dos Estados Unidos do Brasil*, Poder Legislativo, Rio de Janeiro, RJ, 19 set. 1946. Disponível em: <https://www.planalto.gov.br/ccivil_03/Constituicao/Constitui%E7ao46.htm>. Acesso em: 16 jun. 2008.

6 _____. Constituição da República dos Estados Unidos do Brasil, de 10 de novembro de 1937. *Diário Oficial [da] República dos Estados Unidos do Brasil*, Poder Legislativo, Rio de Janeiro, RJ, 10 nov. 1937. Disponível em: <https://www.planalto.gov.br/ccivil_03/Constituicao/Constitui%E7ao37.htm>. Acesso em: 16 jun. 2008.

7 _____. Constituição da República dos Estados Unidos do Brasil, de 24 de fevereiro de 1891. *Diário Oficial [da] República dos Estados Unidos do Brasil*, Poder Legislativo, Rio de Janeiro, RJ, 24 fev. 1891. Disponível em: <https://www.planalto.gov.br/ccivil_03/Constituicao/Constitui%E7ao91.htm>. Acesso em: 16 jun. 2008.

8 _____. Constituição da República Federativa do Brasil, de 24 de janeiro de 1967. *Diário Oficial [da] República Federativa do Brasil*, Poder Legislativo, Brasília, DF, 24 jan. 1967. Disponível em: <https://www.planalto.gov.br/ccivil_03/Constituicao/Constitui%E7ao67.htm>. Acesso em: 16 jun. 2008.

9 _____. Constituição da República Federativa do Brasil, de 5 de outubro de 1988. *Diário Oficial [da] República Federativa do Brasil*, Poder Legislativo, Brasília, DF, 5 out. 1988. Disponível em: <https://www.planalto.gov.br/ccivil_03/Constituicao/Constitui%E7ao.htm>. Acesso em: 16 jun. 2008.

10 BRASIL. Decreto-Lei n. 4.244, de 9 de abril de 1942. *Diário Oficial [da] República Federativa do Brasil*, Brasília, DF, 9 abr. 1942. Disponível em: <http://www.soleis.adv.br/leiorganicaensinosecundario.htm>. Acesso em: 18 jun. 2008.

11 BRASIL. Instrução Normativa INSS n. 118, de 14 de abril de 2005. *Diário Oficial [da] República Federativa do Brasil*, Brasília, DF, 18 abr. 2005. Disponível em: <http://www.boletimcontabil.com.br/conteudo/federal/2002/inss/ininss118a.htm>. Acesso em: 18 jun. 2008.

12 BRASIL. Lei n. 6.696, de 8 de outubro de 1979. *Diário Oficial [da] República Federativa do Brasil*, Brasília, DF, 9 out. 1979. Disponível em: <https://www.planalto.gov.br/ccivil_03/leis/l6696.htm>. Acesso em: 16 jun. 2008.

13 _____. Lei n. 9.394, de 20 de dezembro de 1996. *Diário Oficial [da] República Federativa do Brasil*, Poder Legislativo, Brasília, DF, 23 out. 1996. Disponível em: <https://www.planalto.gov.br/ccivil_03/Leis/L9394.htm>. Acesso em: 16 jun. 2008.

14 _____. Lei n. 9.475, de 22 de julho de 1997. *Diário Oficial [da] República Federativa do Brasil*, Poder Legislativo, Brasília, DF, 23 jul. 1997. Disponível em: <https://www.planalto.gov.br/ccivil_03/leis/l9475.htm>. Acesso em: 16 jun. 2008.

15 _____. Lei n. 4.024, de 20 de dezembro de 1961. *Diário Oficial [da] República Federativa do Brasil*, Poder Legislativo, Brasília, DF, 27 dez. 1961. Disponível em: <https://www.planalto.gov.br/ccivil_03/leis/l4024.htm>. Acesso em: 16 jun. 2008.

16 _____. Lei n. 5.692, de 11 de agosto de 1971. *Diário Oficial [da] República Federativa do Brasil*, Brasília, DF, 12 ago. 1971. Disponível em: <https://www.planalto.gov.br/ccivil_03/leis/l5692.htm>. Acesso em: 16 jun. 2008.

17 _____. Lei Imperial de 15 de outubro de 1827. Rio de Janeiro, RJ, 15 ago. 1827. Disponível em: <http://www.direitoshumanos.usp.br/counter/Doc_Histo/Edu_Imp/Lei_15_10_1827.html>. Acesso em: 16 jun. 2008.

18 BRASIL. Ministério da Educação e do Desporto. Conselho Nacional de Educação. Parecer CEB n. 12, de 8 de outubro de 1997. Disponível em: <http://www.crmariocovas.sp.gov.br/pdf/diretrizes_p0337-0346_c.pdf>. Acesso em: 16 jun. 2008.

19 _____. Parecer CES n. 1.105, de 23 de novembro de 1999. Disponível em: <http://portal.mec.gov.br/cne/arquivos/pdf/pces1105_99.pdf>. Acesso em: 16 jun. 2008.

20 _____. Parecer CEB n. 16, de 2 de junho de 1998. Disponível em: <http://www.crmariocovas.sp.gov.br/pdf/diretrizes_p0467-0472_c.pdf>. Acesso em: 16 jun. 2008.

21 BRASIL. Ministério da Educação e do Desporto. Conselho Nacional de Educação. Parecer CP n. 97, de 6 de abril de 1999. Disponível em: <http://www.sinprosasco.org.br/parecer97.pdf>. Acesso em: 16 jun. 2008.

22 _____. Resolução n. 02, de 7 de abril de 1998. Disponível em: <http://portal.mec.gov.br/cne/arquivos/pdf/rceb02_98.pdf>. Acesso em: 16 jun. 2008.

23 _____. Parecer CNE n. 5, de 7 de maio de 1997. Disponível em: <http://www.crmariocovas.sp.gov.br/pdf/diretrizes_p0291-0305_c.pdf>. Acesso em: 16 jun. 2008.

24 _____. Parecer CES n. 29699. Disponível em: <http://portal.mec.gov.br/cne/arquivos/pdf/pces296_99.pdf>. Acesso em: 16 jun. 2008.

25 BUENO, Eduardo. A viagem do descobrimento. Rio de Janeiro: Objetiva, 1998.

26 _____. Brasil: uma história – a incrível saga de um país. São Paulo: Ática, 2003.

27 CAPANEMA, Gustavo. Projeto da Lei Orgânica do Ensino Secundário. Rio de Janeiro: Mimeo, 1941.

28 CARON, Lurdes (Org.) e equipe do GERE. O Ensino Religioso na nova LDB. Petrópolis: Vozes, 1998.

29 COLL, César. Psicologia e currículo. São Paulo: Ática, 1996.

30 CONFERÊNCIA NACIONAL DOS BISPOS DO BRASIL. Ensino Religioso no cenário da educação brasileira. Brasília: CNBB, 2007.

31 CONSEJO EPISCOPAL LATINOAMERICANO. Orientaciones Generales para la Educación Religiosa Escolar em América Latina y el Caribe. Santa Fé de Bogotá: CELAM, 1999.

32 COSTELLA, Domenico. O fundamento epistemológico do Ensino Religioso. In: JUNQUEIRA, S.; WAGNER, R. (Org.). Ensino Religioso no Brasil. Curitiba: Champagnat, 2004.

33 CROATTO, José Severino. As linguagens da experiência religiosa. São Paulo: Paulinas, 2001.

34 FIGUEIREDO, Anísia de Paulo. Ensino Religioso: tendências, conquistas, perspectivas. Petrópolis: Vozes, 1996.

35 FÓRUM NACIONAL PERMANENTE DO ENSINO RELIGIOSO – FONAPER. Caderno de estudos integrante do curso de extensão – a distância – e de Ensino Religioso, Curitiba, n. 1; 3; 4; 9; 10; 11; 12, s/d.

36 _____. Parâmetros Curriculares Nacionais do Ensino Religioso. 3. ed. São Paulo: Ave Maria, 1998.

37 JUNGMANN, Josef Andreas. *Glaubensverkundigung Im Lichte Der Frohbotschaft.* Innsbruck: Tyrolia Verlag, 1963.

38 JUNQUEIRA, Sérgio Rogério Azevedo. *O processo de escolarização do Ensino Religioso no Brasil.* Petrópolis: Vozes, 2002.

39 JUNQUEIRA, Sérgio Rogério Azevedo; CORRÊA, Rosa Lydia Teixeira; HOLANDA, Ângela Maria. *Ensino Religioso*: aspectos legal e curricular. São Paulo: Paulinas, 2007.

40 JUNQUEIRA, Sérgio Rogério Azevedo; MENEGHETTI, Rosa Gitana Krob; WASCHOWICZ, Lilian Anna. *Ensino Religioso e sua relação pedagógica.* Petrópolis: Vozes, 2002.

41 JUNQUEIRA, Sérgio Rogério Azevedo; WAGNER, Raul (Org.). *Ensino Religioso no Brasil.* Curitiba: Champagnat, 2004.

42 MARTELLI, Stefano. *A religião na sociedade pós-moderna.* São Paulo: Paulinas, 1995.

43 MARTINI, Antonio et al. A construção do humano. In: *O humano, lugar do sagrado.* São Paulo: Olho d'água, 1995.

44 MONDIN, Baptist. *Storia della Teologia.* Bologna: Studio Dominicano, 1997. v. IV.

45 OLIVEIRA, Lilian Blanck et al. *Ensino Religioso no ensino fundamental.* São Paulo: Cortez, 2007.

46 PAJER, Flavio (Org.). *L'insegnamento scolastico della religione nella Nuova Europa.* Leumann, To: Elle di Ci, 1991.

47 PAJER, Flavio. *EuforNews.* Roma: Forum, 2003.

48 PRENNA, Lino (a cura di.). *Assicurata ma facoltativa.* La religione incompiuta. Roma: AVE, 1997.

49 SECRETARIA DE EDUCAÇÃO DO ESTADO DO PARANÁ. *Diretrizes Curriculares do Ensino Religioso.* Curitiba, 2005.

50 SECRETARIA ESPECIAL DOS DIREITOS HUMANOS – SHDH. *Diversidade religiosa e direitos humanos.* Brasília, DF, 2004. Disponível em: <http://www.gper.com.br>. Acesso em: 13 jun. 2008.

51 VEIGA, Ilma Passos (Org.). *Projeto político-pedagógico*: uma construção possível. São Paulo: Papirus, 1995.

52 VIESSER, Lizete. *Um paradigma didático para o ensino religioso.* Petrópolis: Vozes, 1994.

Bibliografia Comentada

JUNQUEIRA, Sérgio Rogério Azevedo. *O processo de escolarização do ensino religioso no Brasil.* Petrópolis: Vozes, 2002.

Este livro narra de forma didática o processo de escolarização do Ensino Religioso no Brasil e é o resultado da tese de doutorado do professor Sérgio Junqueira. De forma detalhada, é possível rever cada uma das etapas desse processo.

JUNQUEIRA, Sérgio Rogério Azevedo; MENEGHETTI, Rosa Gitana Krob; WASCHOWICZ, Lilian Anna. *Ensino Religioso e sua relação pedagógica.* Petrópolis: Vozes, 2002. (Coleção Subsídios Pedagógicos).

Esta coletânea, composta de três artigos, discute o Ensino Religioso na perspectiva da escola, como componente curricular, no projeto pedagógico e na avaliação, elementos que contribuem para refletí-lo como área do conhecimento.

ALVES, Luís Alberto Sousa; JUNQUEIRA, Sérgio Rogério Azevedo (Org.). *Educação religiosa:* construção da identidade do Ensino Religioso e da Pastoral Escolar. Curitiba: Champagnat, 2002. (Coleção Educação e Religião).

Os textos desta coletânea abordam a questão sob diversos ângulos, buscando enfocar diferentes perspectivas em possibilidades teórico-práticas no cotidiano da educação brasileira. Fazer a apresentação dessa obra é ter o privilégio de, além do "risco", poder vislumbrar também a construção do Ensino Religioso na perspectiva pedagógica.

JUNQUEIRA, Sérgio Rogério Azevedo; WAGNER, Raul (Org.). *Ensino Religioso no Brasil.* Curitiba: Champagnat, 2004.

A organização deste livro explicita o movimento do Ensino Religioso no Brasil. Foi elaborado para comemorar os dez anos do Fórum Nacional Permanente do Ensino Religioso e é um registro das diferentes ações de pedagogização dessa disciplina.

OLIVEIRA, Lilian Blanck et al. *Ensino Religioso no ensino fundamental.* São Paulo: Cortez, 2007.

Este livro é o resultado de três grupos de pesquisa, com vista a construir a fundamentação pedagógica do ensino religioso, com aspectos teóricos e metodológicos.

JUNQUEIRA, Sérgio Rogério Azevedo; CORRÊA, Rosa Lydia; HOLANDA, Ângela Maria. *Ensino religioso*: aspectos legal e curricular. São Paulo: Paulinas, 2007. (Coleção Temas do Ensino Religioso).

Apresentando as legislações nacionais e estaduais sobre o ensino religioso, esta obra permite compreender a situação dessa disciplina nas cinco regiões do país, com suas convergências e divergências.

RESPOSTAS DAS ATIVIDADES

Capítulo 1
Atividades de Autoavaliação
1. B
2. A
3. C
4. B
5. B

Atividades de Aprendizagem
Questões para Reflexão
1. A escolarização do Ensino Religioso é a proposta deste capítulo; escrever os detalhes desse processo nessa reflexão é o desafio desta atividade.
2. Para que o Ensino Religioso assuma a perspectiva da escola, é fundamental compreender o significado de um Estado laico como é o Brasil. Por esse motivo, refletir sobre essa questão é essencial para os que atuam nesse componente curricular.

Capítulo 2
Atividades de Autoavaliação
1. C
2. D
3. C
4. B
5. C

Atividades de Aprendizagem
Questões para Reflexão
1. Neste exercício propomos a construção de um texto em que sejam articuladas as principais ideias do diálogo religioso em respeito à diversidade cultural proposta pelos direitos humanos e lideranças religiosas.

Capítulo 3
Atividades de Autoavaliação
1. B
2. C
3. C
4. D
5. D

Atividades de Aprendizagem
Questões para Reflexão
1. Relacionar fatos religiosos que marcaram este início do século XXI, como as guerras religiosas no Oriente, e explicitar as causas desses fatos sócio-religiosos, demonstrando as manifestações do cotidiano das comunidades e como podem ser explorados em aulas do Ensino Religioso.
2. Relacionar fatos religiosos do seu cotidiano e explicitar as causas desses fatos, demonstrando as manifestações das comunidades e como podem ser explorados em aulas do Ensino Religioso.

Capítulo 4
Atividades de Autoavaliação
1. B
2. A
3. D
4. C
5. C

Atividades de Aprendizagem
Questões para Reflexão
1. O objetivo geral do Ensino Religioso, proposto pelo Fonaper, propõe a valorização da diversidade cultural e religiosa do cidadão. Compreender o significado desta diversidade é fundamental para articular e orientar o cotidiano desse componente curricular.
2. Estabelecer princípios que relacionem o direito à diversidade cultural brasileira de cada cidadão, visando a uma educação que integre os estudantes, é o desafio de cada professor do Ensino Religioso.

Capítulo 5
Atividades de Autoavaliação
1. C
2. A
3. A
4. C
5. C

Atividades de Aprendizagem
Questões para Reflexão
1. Definir o significado de conhecimento religioso, explicitar e relacionar essa forma de conhecimento com o processo de ensino-aprendizagem.
2. Estabelecer o papel do professor de Ensino Religioso na construção de um currículo que favoreça a formação do cidadão na diversidade cultural religiosa.

Capítulo 6
Atividades de Autoavaliação
1. C
2. B
3. C
4. C
5. D

Atividades de Aprendizagem
Questões para Reflexão
1. Explicitar a relação da diversidade cultural religiosa de sua região para melhor poder dialogar e conviver no espaço escolar, uma vez que este não assume o papel de suplência eclesial.
2. A partir da história da Reforma iniciada por Lutero, a educação assumiu uma nova perspectiva para todo o povo. Existiu a preocupação de uma escolarização da população e, nesse contexto, a questão religiosa foi uma das variáveis mais significativas.

Sobre o autor

SÉRGIO ROGÉRIO AZEVEDO JUNQUEIRA É formado em Ciências Religiosas pelo Instituto Superior de Ciências Religiosas (Belo Horizonte – MG), graduado em Pedagogia pela Universidade de Uberaba (Uniube--MG), especialista em Metodologia do Ensino Superior pelo Centro de Estudos e Pesquisas Educacionais de Minas Gerais (Cepemg), especialista em Metodologia do Ensino Religioso pela Pontifícia Universidade Católica de São Paulo (PUCSP), mestre e doutor em Ciências da Educação pela Universidade Pontifícia Salesiana de Roma (Itália). Líder do Grupo de Pesquisa Educação e Religião (GPER – http://www.gper.com.br), atuou como consultor de Secretarias Municipais e Estaduais de Educação, Conselhos Estaduais de Educação e Associações de Educação Confessional. É autor de artigos e livros no Brasil e na comunidade europeia sobre Ensino Religioso.

Impressão:
Novembro/2023